# Corinne Carrot

Illustrations
Valentine Cayet

# 10 rendez-vous avec moi-même
# pour apprendre à être heureux

# Le parcours Sêmera

Sêmera

*Savoir être moi et respecter les autres*

Je remercie du fond du cœur mon mari et mes enfants qui supportent au quotidien mes facéties (doux euphémisme).

Merci à tous les journalistes, les auteurs et les artistes qui me nourrissent et me questionnent.

Merci au personnel de la librairie *Le Furet du Nord* à Lille et la médiathèque *La Corderie* à Marcq-en-Barœul, nos deux autres « home sweet home » : vous êtes formidables !

Ce livre est l'aboutissement de vingt années de réflexion et quatre années d'écriture. En pointillé bien sûr. De nombreuses personnes m'ont soutenue, conseillée, accompagnée, aidée. Je ne serais pas allée au bout sans elles. Je tiens à exprimer ma gratitude envers Romain Ballone, Olivier Bayart, Annick Bertrand-Melhem, Émilie Bertrand, Florence Bertrand, Louisette Bertrand, Thomas Bertrand, Sylvie Blancquart, Arnaud Bocquillon, Virginie Bocquillon, Pierre Carrot, Marie-José Chuffart, Nathalie Cocq, Sophie Desruelles, Xavier Desruelles, Thierry Duirat, Jean-François Foch, Mélanie Fournier, David Gacquer, Cristina Gamba, Françoise Gobled, Majdi Habash, Stéphanie Heneman, Pauline de Lille, Valérie Malardier, Régis Masse, Alain Ménard, Brigitte Ménard, Laure Meurice, Leslie Ohayon, Gabrielle Payen, Hervé Payen, Félix Pinchart, Philippine Pinchart, Damien Surroca, Isabelle Tieghem, Quentin Tieghem, Prescillia Wattecamp, Alain B., Laila K. Oumi, Renaud M., Véronique T., Emmanuel, Brigitte...
... et tout particulièrement envers Nathalie Vigneux.

Merci à Valentine pour son professionnalisme, je suis très heureuse de notre collaboration.

Merci aux lecteurs du blog Sêmera et aux abonnés pour leur fidélité.

Corinne

\*\*\*

Merci à Corinne de m'avoir fait confiance pour ce projet, ainsi qu'à Léo pour ses encouragements et ses bons petits plats concoctés tout au long de l'aventure.

Valentine

\*\*\*

**S**avoir **Ê**tre **M**oi **E**t **R**especter les **A**utres
semera.fr - semera@semera.fr

Photo de couverture : Vercors, France © Corinne Carrot 2015

Illustrations du Conte du jour et de la nuit © Valentine Cayet 2017
Facebook : Page Makaki artiste - valcayet@hotmail.fr

Autres ressources graphiques © Freepik à partir de Flaticon.com

# Sommaire

# Préface

Rose apporte à table un gratin de pommes de terre dans un nouveau plat ovale.

— C'est un nouveau plat ? demande, inquiet, Jules le mari de Rose.

— Oui, je l'ai acheté ce matin.

— Tu l'as lavé avant de l'utiliser ?

— D'après toi ?

— Bah si je te demande, c'est que je ne sais pas.

— Bonjour la confiance ! Tu me prends pour qui ?

— Oh ça va ! Tu n'es quand même pas la reine de la propreté !

— Et bien dis que je suis sale pendant que tu y es ! Et devant les enfants ! Super !

— Calme-toi, je te posais juste une question. Tu ne m'as toujours pas répondu d'ailleurs. Tu l'as lavé le plat ?

— Et si je ne l'ai pas lavé, il se passe quoi ? Tu vas mourir ?

— Tu es pénible à ne pas me répondre. Tu l'as lavé ou pas ?

— En plus d'être sale, je suis pénible. Bah vive les week-ends et le plaisir de se retrouver en famille !

— Tu l'as lavé le plat, oui ou non ?!!! hurle Jules.

Rose, furieuse, quitte la pièce.

# Mode d'emploi

## Un voyage unique en son genre

Si vous avez ce livre entre les mains, c'est que vous êtes partant pour un voyage intérieur à la rencontre de vous-même et de tous les personnages qui habitent en vous.

Afin de vous aider à comprendre, mémoriser et discerner ces personnages internes, j'ai inventé *Le conte du jour et de la nuit*. Il sera le fil conducteur du parcours.

De la même manière que l'on apprend à découvrir un pays et ses habitants, vous allez vous exercer à prendre du recul par rapport à vos pensées, à vos émotions, aux évènements, à l'environnement, tout en restant acteur de votre vie. Vous gagnerez en sérénité.

Lorsque vous partez en voyage, si vous restez à travailler sur votre ordinateur dans votre chambre d'hôtel, vous risquez de ne pas découvrir grand-chose de la contrée et de son peuple. Pour ce voyage intérieur, c'est la même logique. Si vous lisez cet ouvrage en dilettante et ne prenez pas de temps seul, en silence, pour faire connaissance avec vous-même, vous risquez d'être déçu.

Tant de choses aujourd'hui nous accaparent à l'extérieur de nous-même. Peut-être que personne ne vous a jamais appris à visiter votre mental, vos sensations, votre histoire. Pourtant, votre première maison, c'est votre corps. Et la première personne avec laquelle vous devez vous accommoder, c'est vous-même !

Tout comme on risque de mal s'y prendre avec une plante si on ne connaît pas ses caractéristiques, comment bien vivre avec soi-même si on n'a pas un minimum de connaissances sur le fonctionnement humain en général et le sien propre en particulier ? D'où le nom de développement personnel. Outils de connaissance de soi, ils permettent de nous développer. Ils peuvent même nous aider à nous accomplir, à sublimer nos désirs et à être en paix avec nous-même.

Dans votre agenda, prévoyez dix créneaux d'au moins une heure, espacés d'une ou deux semaines mais pas davantage, dans un lieu où vous serez seul et au calme.

Ou bien, notez seulement le premier rendez-vous et fixez le suivant une fois la première séance terminée et ainsi de suite.

Tout le monde ne dispose pas nécessairement de temps, d'espace et de silence.

Vous n'avez que trop rarement une heure devant vous ? Coupez chaque chapitre du livre en deux, trois ou quatre. Si vous réalisez le parcours en une année au lieu de trois mois, qu'avez-vous perdu ? Rien. De la même manière que quelqu'un qui part en vacances, mais voudrait déjà être revenu tant il a de retard dans son travail, vous risquez de passer à côté des bienfaits du parcours si vous voulez tout expérimenter en un temps insuffisant.

Vous n'avez pas d'espace à vous ? Certaines personnes osent « faire leur gym » devant tout le monde au parc public. Si tel n'est pas votre cas, remplacez les sessions relaxation du livre par un club de sport et pratiquez ce sport en vous concentrant sur le ressenti, sans aucun autre objectif que de sentir votre corps bouger, respirer, se contracter et se détendre.

Vous n'êtes jamais au calme ? Emportez ce livre, un carnet et un stylo dans votre voiture, dans un édifice religieux ouvert au public, dans un parc ou même laissez-le dans votre salle de bains.

Ce qui est primordial, c'est d'associer votre corps à cette démarche intellectuelle de connaissance de soi.

Au fil des dix chapitres, vous aurez l'impression de vous regarder penser. C'est une étape transitoire indispensable. Plus tard, vous intégrerez naturellement le fait « d'allumer la lampe » sans plus avoir cette impression d'être spectateur de vous-même. Pour arriver à ce stade, il faut du temps et de la pratique[1].

En pratique : déroulement d'un chapitre

Chacun des dix chapitres se décompose toujours en quatre mêmes parties :

1. Extrait du conte
2. Relaxation
3. Enseignement
4. Pistes

Reprenons maintenant en détail ce que contient chacune des quatre parties d'un chapitre. Prenez le temps de bien assimiler, n'hésitez pas à relire et/ou prendre des notes pour vous sentir à l'aise avec la structure quand vous commencerez vraiment le parcours.

---

[1] Shunryu Suzuki (maître zen japonais qui a fait connaître le bouddhisme aux USA dans les années soixante) dans *Esprit zen, esprit neuf* :

« Après avoir pratiqué un certain temps, vous comprendrez qu'il n'est pas possible de faire des progrès rapides et extraordinaires. Même si vous essayez de toutes vos forces, votre progrès se fait toujours peu à peu. Ce n'est pas comme sortir sous une averse où l'on sait que l'on est mouillé. Dans le brouillard, vous ne savez pas que vous commencez à être mouillé, mais, tout en marchant, vous êtes peu à peu mouillé. Si vous avez à l'esprit des idées de progrès, vous direz peut-être : "Oh, cette allure est insupportable !" En fait elle ne l'est pas. Quand vous êtes mouillé par le brouillard, il est très difficile de vous sécher. Inutile, donc, de vous inquiéter du progrès. C'est comme l'étude d'une langue étrangère ; vous ne pouvez y arriver d'un seul coup, mais, à force de répétition, vous la maîtriserez. [...] Nous pouvons dire que nous progressons peu à peu, ou bien que nous ne nous attendons même pas à progresser. Il suffit d'être sincère et de donner tout son effort à chaque instant. [...] »
*Esprit zen, esprit neuf*, Shunryu Suzuki, © Éditions du Seuil, 1977, pour la traduction française, « Points Sagesses », 2014.

# Un extrait du conte introduit le thème de chaque chapitre.

© Valentine Cayet 2017

① Dans un pays lointain où il fait toujours jour, l'ami sent qu'on a besoin de lui dans le pays où il fait toujours nuit.

Muni de sa lampe de poche, il se met en route.

❷ Dans un immeuble du pays où il fait toujours nuit, un enfant reste dans sa chambre en permanence.

Il pense, il use de stratagèmes pour faire venir ses parents : sourires, grimaces, jonglerie, répétition de ce qu'on lui a appris, invention d'histoires, etc.

❸ Parfois, l'enfant n'en peut plus. Il pleure, crie, souffre trop de cet enfermement.

❹ Pour se calmer, l'enfant prend sa tablette tactile ou il mange des bonbons.

❺ Ses parents ont toutes sortes d'attitudes pour le faire taire et au final faire culpabiliser l'enfant.

❻ La grand-mère vit avec eux. Elle ne se lève jamais pour aller voir l'enfant. Elle fournit toujours une explication : « Il a mangé trop de bonbons, il a besoin de pleurer », etc.

❼ Le voisin du dessus essaie de vivre comme il peut avec tout ce bazar en-dessous de lui. Un des moyens qu'il utilise est de se centrer sur lui-même et de se croire le meilleur de l'immeuble.

❽ Enfin, l'ami du pays où il fait toujours jour arrive chez l'enfant. Il l'entend pleurer.

L'ami s'approche avec sa lampe de poche et découvre un adulte recroquevillé dans un coin.

L'ami dit doucement à l'adulte : « Tu peux rester dans ce coin mais… »

⑨ « … saches que tu peux aussi en sortir pour venir avec moi au pays où il fait toujours jour. Ne crains pas de laisser tes parents, ta grand-mère, ton voisin du dessus, tes bonbons et jouets. Ils font partie de toi, tu ne peux t'en séparer. Mais si tu viens avec moi, ils ne prendront plus toute la place tout le temps et tu pourras te réaliser en tant qu'être humain ».

⑩ L'adulte se calme puis prend la main de l'ami.

On ne le revoit plus jamais au pays où il fait toujours nuit.

Petit à petit, vous vous familiariserez avec les personnages du conte et vous vous les approprierez pour mieux vous observer et avancer.

## 2. Relaxation

La relaxation permet de reconnecter corps et mental de manière ludique.

Les jeux sont simples, accessibles.

Vous pouvez utiliser une musique de relaxation. Si vous n'en avez pas, demandez à vos connaissances s'ils en ont, empruntez-en à la médiathèque de votre ville ou écoutez-en directement sur Internet.

Si vous préférez un autre style de musique ou le silence : Libre à vous ! Vous êtes le mieux placé pour savoir ce qui vous plaît, mais repérez déjà, là tout de suite, les petits signes d'ouverture ou de fermeture qui se manifestent suite à ces propositions.

## 3. Enseignement

En lisant les sections d'enseignement, observez ce qui émerge. Reportez dans un carnet ou dans votre smartphone.

Si vous choisissez un carnet, vous pouvez y ajouter quelques éléments qui vous le rendront agréable : un sticker, une photo.

Il en va de même pour le choix d'un marque-page : qu'il vous plaise !

Voici des exemples de ce que vous pouvez noter[2] :

*Le carnet personnel, les 6 E*

E1 : **ENSEIGNEMENT** (Je note ce que je juge intéressant.)

E2 : **ÉVOCATION** (Tiens, ça me fait penser à telle situation, je le note. Tiens, ça me fait penser à telle personne, je le note.)

E3 : **ÉMOTION** (Qu'est-ce qui me remue, qui suscite une réaction de mon corps : mal au ventre, nœud dans la gorge, larmes qui montent, bouffée de chaleur, frissons... ?)

Si les émotions « débordent », alors il peut être intéressant de se faire accompagner par une personne dont c'est le métier[3].

E4 : **EXERCICES** D'OBSERVATION (Voir page suivante les explications détaillées du paragraphe *Pistes*.)

E5 : **ÉMANCIPATION** (Je note mes victoires, les fois où j'ai réussi à repérer la grand-mère, les fois où j'ai failli rejoindre le coin de la chambre et je ne l'ai pas fait car j'ai allumé la lampe de poche.)

---

[2] Il est réellement important de prendre votre temps pour ce parcours car potentiellement, chaque paragraphe peut apporter son lot de résonnances. Lisez lentement, faites des pauses sinon les émotions, les souvenirs, les réflexions n'auront pas le temps d'émerger, vous n'aurez pas le temps de les reporter dans votre carnet et le parcours ne sera pas fructueux.
[3] Lire à ce sujet le paragraphe *L'ami que l'on paye* dans la partie *Enseignement* du chapitre 10.

**E6 : ÉVALUATION** (Je note aussi mes échecs : je suis retourné(e) dans le coin de la chambre alors que cela n'était pas du tout adapté.) Utilisez l'ami pour ne pas rester dans le coin de la chambre. Le coin de la chambre ne signifie pas que vous vivez enfermé au sens propre. Il représente le mode de fonctionnement dans lequel vous vous êtes installé. Or il limite ce que vous pouvez vivre et peut occasionner des comportements inadaptés, sources de désagréments. Ne vous jugez pas. Le fait de vous être observé représente une prise de conscience, félicitez-vous.

## 4. Pistes

Votre inconscient vous protège, donc vous n'aborderez pas les pistes de la même manière qu'un autre lecteur ni de la même manière aujourd'hui que dans quelques mois. C'est pour cette raison qu'il y a deux chapitres sur la souffrance. Entre le chapitre 3 et le chapitre 8, il se sera passé plusieurs semaines, vous aurez avancé, vous aurez ouvert des portes intérieures.

L'inconscient ne nous laisse pas faire passer les anciennes blessures vers le conscient si nous ne sommes pas prêts.

Parfois, le passage se produit « de force » dans le cadre d'une violence imposée par autrui. Mais l'inconscient mettra en place ce qui convient si nous ne sommes pas prêts à supporter l'épreuve (déni, refoulement, psychosomatisation...).

C'est important de comprendre que si nous percevons les épreuves, c'est que d'une façon ou d'une autre, nous sommes prêts à les vivre. Patience et confiance donc.

Les pistes sont divisées en deux parties :

1. Observations à mener à partir de questions, de cas pratiques, de textes

2. Activités selon vos préférences

*Observations*

Les questions vont vous permettre de mieux vous connaître. Vous pouvez par exemple y répondre de manière assez succincte à la première lecture mais surtout prévoyez de les garder à l'esprit et de vous observer dans le quotidien. Reprenez alors votre carnet et reportez plus précisément.

Parfois des textes complémentaires seront là pour vous questionner sur votre fonctionnement personnel.

*Activités selon vos préférences*

Cette partie est l'occasion de vous préparer à la connaissance de vos préférences mentales[4]. Cela vous sera une précieuse aide dans votre développement personnel et dans vos relations avec les autres. Dans ce que vous entreprendrez aussi.

Testez toutes les pistes des trois premiers chapitres puis observez quelle catégorie d'activité vous préférez.

1. Mise en place de routines

2. Analyse du profil psychologique de personnages cinématographiques

3. Création de vos propres illustrations du chapitre

Vous pouvez bien entendu, au fil des dix chapitres, exercer toutes les activités proposées. (Volonté de rentabiliser votre achat ? Goût pour la nouveauté ? Autre raison ? Notez-le aussi dans votre carnet car ce choix vous est propre.)

---

[4] Lire à ce sujet le paragraphe *Perception, automatisme, analyse, imagination* dans la partie *Enseignement* du chapitre 2.

Feu vert !

Vous êtes toujours partant ?

Alors, récapitulatif, dans votre valise vous prévoirez :

- ce livre

- un carnet personnel (un carnet à points[5] est un bon compromis pour à la fois écrire droit et dessiner sans fond ligné)

- un stylo agréable, des feutres, des crayons de couleur

- une tenue confortable

- (de la musique)

Si vous ne l'avez pas encore fait, planifiez au minimum le premier rendez-vous dans moins de trois jours pour avoir encore bien en tête la logique des chapitres.

Et n'oubliez pas : c'est votre parcours, vous êtes libre de l'effectuer à votre manière. Chaque fois que quelque chose vous plaira ou vous déplaira, cette réaction constituera une information supplémentaire pour faire connaissance avec vous-même.

Gardez toujours à proximité de quoi noter ce qui vous interpelle pour y revenir plus tard.

Bonne route !

---

[5] Par exemple un carnet à points de la gamme Leuchtturm1917

# 1. L'ami(e) : l'amour inconditionnel

Dans un pays lointain où il fait toujours jour, l'ami sent qu'on a besoin de lui dans le pays où il fait toujours nuit.

Muni de sa lampe de poche, il se met en route.

## Relaxation

Allongez-vous ou asseyez-vous confortablement. À partir du mot « ami(e) », quelles sont les évocations qui surviennent ? Pensées et/ou sensations agréables ? Désagréables ? Laissez-les venir et repartir. Faites le tour, sereinement, sans pression, de ce que vous évoque le mot « ami(e) ». Fermez les yeux.

## Enseignement

Aucun être humain ne peut répondre à la mesure de notre soif d'amour.

Le propre de notre humanité, c'est que la complexité de notre cerveau nous permet de trouver une multitude de satisfactions qui vont nous aider à être épanouis.

Notamment dans des relations et des activités qui révèleront pleinement notre humanité. Découvrir le plaisir d'apprendre, de donner, de partager, de prendre soin de nous, des autres, de notre environnement.

La palette est donc vaste.

Il y a trois étapes : le vouloir, le permettre, le faire.

1. Le vouloir : vous avez passé cette étape en ayant ce livre entre vos mains. Bravo !

2. Le permettre : ce livre vous donnera quelques clés. Vous pourrez le relire, continuer d'approfondir grâce aux pistes qui sont « réutilisables »[6].

3. Le faire : à vous de tourner les clés des portes et d'avancer sans objectif de progrès mais avec un effort sincère. Chaque petit

---

[6] D'autres outils de développement personnel sont présentés dans le chapitre 2, dans la *Bibliographie* en fin d'ouvrage et dans le blog Sêmera sur semera.fr.

discernement, infime acte, bonne petite décision vous fera grandir et vous épanouir.

Notre soif d'amour, même si nous la refoulons, est bien là. Elle est normale, légitime.

Pour autant, ce n'est pas un dû et la principale clé pour nous sentir aimés, c'est d'apprendre à nous aimer comme nous sommes.

L'amour inconditionnel, c'est aimer l'autre quoi qu'il fasse. C'est très difficile pour les parents d'aimer leurs enfants quoi qu'ils fassent. Il y a la pression de la société, les habitudes de leurs propres parents en matière d'éducation dont ils sont imprégnés.

Et puis les instincts vont faire réagir les parents de façon impulsive.

Bref, il y a plein de facteurs qui font que nos parents nous aiment, certes, mais que cet amour n'est pas nécessairement pleinement satisfaisant.

Tout cela nous montre à quel point nous avons besoin d'être ouverts pour recevoir des signes d'amour, d'amitié, de reconnaissance, qui nous font du bien.

Or, quand nous étions petits, notre cerveau n'était pas assez mature pour gérer toutes les situations qui se sont présentées. Mais notre cerveau avait plusieurs plans B. Des sortes de fermetures, des protections qui, si elles s'emballent, prennent toute la place tout le temps, nous empêchent de recevoir des bonnes choses et d'être heureux.

C'est vraiment un plus d'avoir ce que nous appellerons un ami interne, fournissant, de base, une dose de bienveillance, de bonne énergie nous permettant de mieux nous ouvrir à nous-même et aux autres. Je vous invite à choisir un ami interne ou à reconnaître celui que vous avez déjà.

Vous allez peut-être tout de suite trouver qui sera votre ami interne… ou pas.

Ça peut être une personne de votre famille, un adulte de votre entourage dont vous vous sentez aimé ou vous êtes senti aimé. Ou un personnage légendaire avec qui vous vous sentez lié ou un héros imaginaire ou une référence dans votre religion ou votre philosophie.

L'essentiel, c'est que si vous pensez à cette personne, vous sentiez un amour inconditionnel qui vous comble et vous guide.

Comment être bien avec la personne avec qui nous vivons en permanence (c'est-à-dire nous-même), si nous ne savons pas du tout ce qu'est un regard indulgent, une main aimante qui accompagne ?

Il faut l'apprendre.


Pistes

Observations

o Vous êtes-vous construit un monde de repères, réels ou fictifs, qui font partie de votre vie ? Quelle place occupent-ils ? Sont-ils ancrés dans votre quotidien ou y recourez-vous occasionnellement ?

o Qu'ont en commun vos amis ? Quelle(s) qualité(s) ?

o Essayez de vous remettre dans une situation où vous vous êtes senti seul/abandonné/rejeté, puis imaginez revivre la situation mais en lien avec l'ami bienveillant que vous avez choisi. Votre ami représente l'amour inconditionnel. Est-ce que vous arrivez à ressentir cela ? Dans votre vie, de quoi vous sentez-vous nourri en dehors des aliments ? Si vous ne trouvez pas, quand vous étiez enfant, quand est-ce que vous vous sentiez épanoui ?

o Où en êtes-vous dans votre capacité à prendre soin de vous ? Savoir dire non, savoir repérer ce qui vous fait du bien ou du mal ?

o Et l'humour dans tout ça ? Est-ce que vous savez positiver une situation, en rire même ?

Exemples :

- Laisser un livre dans son sac et se réjouir du retard du médecin !

- Ne pas avoir le temps ce soir d'aller faire des courses et encore moins de cuisiner, c'est l'occasion d'aller au *fast food* et de faire plaisir aux enfants qui en ont envie depuis des semaines.

= savoir transformer une contrariété en une opportunité.

Essayez de vous remémorer une ou deux contrariétés récentes. Est-ce que vous vous êtes adapté sans vous perdre ? Si non, qu'est-ce que vous auriez pu faire ?

Activités selon vos préférences

*Routine*

Créez un ou plusieurs rituels de rencontre avec votre ami interne.

La représentation figurative ou symbolique aide à se rappeler du rendez-vous mais vous pouvez aussi juste enregistrer un rappel dans votre smartphone.

Si vous choisissez une image, placez-la dans un endroit pratique. Attention, il ne s'agit pas de tomber dans l'idolâtrie. Ne perdez pas de vue l'objectif : disposer d'un regard de bienveillance et d'un guide.

C'est un temps pour vous. Parfois, vous serez tenté de le supprimer pour gagner du temps. Ou bien, soudainement, vous trouverez cela futile, inutile voire ridicule. Accueillez ces pensées puis effectuez tout de même votre petit rituel qui vous permet de ne pas vivre en permanence en dehors de vous-même.

Selon les jours, voici ce qui peut venir lors de votre rendez-vous :

- un sujet vous préoccupe. Formulez alors une demande concrète et/ou prenez une bonne petite décision dont vous sentez qu'elle vous apportera une paix durable ;

- la conscience d'être vivant, d'être relié au monde ;

- l'envie de confier des proches ou des gens en détresse ;

- l'envie de lire ou réciter un texte ;

- de la gratitude pour telle personne, tel évènement ;

- ...

Ne vous fixez aucun objectif, laissez venir ce qui est déjà là, en vous.

Parlez à haute voix à votre ami interne.


*Analyse*

*Gandhi*, de Richard Attenborough (1982)
Entre pouvoir et soumission, une autre voie existe : être là et dire paisiblement ce que nous vivons. Gandhi peut s'avérer être un excellent ami interne.

*Le dernier Samouraï*, d'Edward Zwick (2003)
Contre toute attente, avec pour point de départ la connaissance de l'ennemi, le comportement de Katsumoto envers Nathan relèvera d'une amitié véritable :

- Foi en l'autre, aussi différent soit-il.
- Accompagnement exigeant visant à grandir (et non pas aide à courte vue, asservissante).

Françoise Dolto[7] disait que l'enfant sait ce qui est bon pour lui. Parfois, la vie le lui fait perdre de vue. Il faut alors retrouver ou découvrir ce qui est bon.

*Locataires*, de Kim Ki-duk (2004)
*De rouille et d'os*, de Jacques Audiard (2012)
- Ces deux films illustrent parfaitement qu'un ami sincère ne disparaît pas à la première difficulté rencontrée. Rappelez-vous : votre ami interne est joignable à tout moment.
- *Locataires* et *De rouille et d'os* sont de véritables leçons de vie. Nous fantasmons, nous idéalisons et puis la réalité nous propose de nous adapter. Nous pouvons décliner l'offre. Si nous choisissons la voie du présent et du réel, cela nous demandera un effort mais cela nous apportera de grandes satisfactions, humainement parlant.

*Azur et Asmar*, de Michel Ocelot (2006)
Ce très beau film d'animation est une merveille par la quantité et la qualité de ses enseignements.
On y voit les années d'innocence où l'amitié est légère et facile. En parallèle, avec ces mêmes jeunes années, un attachement se met en place.
Au travers de cette histoire, on remarque :
- La détente, dans les bons moments partagés.
- Le miroir que nous renvoie l'autre, différent.
- Sa capacité à nous faire grandir, quand il est bienveillant.

*Whatever works*, de Woody Allen (2009)
L'arrivée de la jeunesse dans le quotidien d'un solitaire. *Whatever works* nous montre ce que la vie peut nous offrir quand nous acceptons d'être bousculés. Au début nous râlons puis nous nous rendons compte, bien plus tard, que nous avons vécu une expérience humaine... et nous sommes faits pour cela !

---

[7] Françoise Dolto (1908-1988) est une pédiatre et psychanalyste française qui s'est consacrée à la psychanalyse des enfants.

Laissez votre imagination œuvrer pour vous approprier l'enseignement de ce chapitre : à vos crayons !

## 2. Notre corps, notre mental, notre identité

Dans un immeuble du pays où il fait toujours nuit, un enfant reste dans sa chambre en permanence.

Il pense, il use de stratagèmes pour faire venir ses parents :
sourires, grimaces, jonglerie, répétition de ce qu'on lui a appris,
invention d'histoires, etc.

Sur fond de musique relaxante, debout, faites le tour du propriétaire !

Massez-vous du bout des doigts le cuir chevelu, le contour des yeux, les globes oculaires, les tempes, la partie saillante des joues, la partie creuse des joues, la nuque, les épaules, les bras, le thorax, le ventre, le bas du dos, les cuisses, le bas des jambes, les pieds.

Qu'est-ce qui se passe ? Ça chatouille ? Ça fait mal ? Ça détend ?

Des pensées viennent et vous éloignent du ressenti corporel ?

C'est normal, c'est une des caractéristiques de l'être humain : nous pensons.

Chaque fois que vous réalisez que vous n'êtes plus dans le ressenti mais dans les pensées, revenez dans le ressenti et ainsi de suite, telle une vague sur le sable. Quand la vague est montante, l'eau (le mental) et le sable (le corps) sont en contact, le mental est attentif au corps. Quand la vague est descendante, l'eau retourne en pleine mer, les pensées ont pris le large, le mental n'est plus conscient du ressenti corporel.

Quand nous sommes accaparés par telle ou telle activité (écran, conversation…), il est fréquent de ne plus entendre ce que notre corps nous dit. Le mental a pris toute la place.

Or solliciter les sens physiologiques par la perception est ce qu'il y a de plus efficace pour revenir dans le présent et le réel et vivre ainsi pleinement chaque minute de sa vie.

Plus vous vous entraînerez à ressentir le moindre muscle qui se contracte (visage, cou, bas du dos, ventre, …) mieux vous vous adapterez aux situations du quotidien.

Votre modèle de lunettes préféré

Vous avez mis en place des stratégies inconscientes pour être reconnu voire aimé.

Vous avez des préférences.

Vous avez votre fonctionnement.

Je surnomme *lunettes* le fonctionnement individuel car ce que nous pensons être la réalité n'est en fait que notre vision subjective de la réalité.

Il y a de multiples modèles de lunettes mais dans la plupart des cas, nous n'en changeons pas. Nous conservons le même modèle de lunettes quelle que soit la situation et nous nous retrouvons à être inefficaces ou incompris ou à avoir un comportement inapproprié dans certains épisodes de notre vie.

De nombreux outils nous aident à connaître les lunettes que nous portons en quasi-permanence et les autres modèles de lunettes que nous pourrions porter selon la situation. Ces outils prennent en général appui sur les réponses fournies via des tests de personnalité.

La difficulté principale étant d'intégrer mentalement et physiquement que nous ne sommes pas en danger de rejet ou de mort quand nous ne portons pas nos lunettes préférées.

Et si vous regardez autour de vous, vous constaterez que ce sont davantage les adultes ne changeant jamais de modèle de lunettes qui auraient tendance à être rejetés car ils adoptent une sorte de mono-comportement souvent décalé par rapport aux mouvances de la vie.

Nos lunettes viennent :

- d'interactions entre nos gènes et notre environnement, au sens large du terme (dont les émotions vécues, les molécules absorbées...)
- de préférences, de zones de confort.

Peut-être avez-vous des a priori sur les questionnaires de personnalité ? Une remarque fréquemment entendue est qu'ils figent les gens dans des cases.

Cette réponse-type constitue un bon exemple du genre de défense que le mental peut mettre en place.

Les questionnaires de personnalité permettent d'accéder à des outils qu'il convient de considérer comme tels, ni plus ni moins.

Comme tout outil, connaître leur objectif et le mode d'emploi permettra d'en tirer le meilleur parti.

Leur intérêt majeur, c'est qu'ils matérialisent, officialisent, nous font prendre conscience que les autres n'ont aucune obligation de fonctionner comme nous, que notre fonctionnement n'est pas plus légitime que le leur, et que nous pouvons nous inspirer de leur fonctionnement pour nous adapter aux situations.

Cette expérience, chaque mental des individus de notre Terre n'est pas nécessairement prêt à la vivre.

D'où l'inutilité d'obliger autrui à effectuer un questionnaire de personnalité.

Voici une brève introduction de quelques outils présentant des modèles de lunettes à vision subjective de la réalité.

Le mot énnéagramme provient de la racine grecque *ennea* signifiant neuf (le chiffre).

L'outil présente neuf configurations de la personnalité.

L'intérêt de l'énnéagramme réside dans la compréhension de l'image que nous nous évertuons à montrer de nous, notre objectif inconscient pour être aimé.

Il permet de comprendre les choix de vie des uns et des autres car à chaque type correspond une compulsion d'évitement.

Le type se présente sous forme d'un chiffre de 1 à 9.

*MBTI®[8] (Myers-Briggs Type Indicator)*

Pour quatre dimensions, nous avons une préférence de fonctionnement entre deux pôles opposés :

• D'où nous tirons notre énergie et vers quoi nous préférons l'orienter : **E** Extraversion/**I** Introversion

• Le type d'information que nous recueillons spontanément et auquel nous nous fions : **S** Sensation/**N** Intuition

• Le processus que nous préférons utiliser pour prendre des décisions : **T** Pensée/**F** Sentiment

• La façon dont nous préférons aborder le monde extérieur (axe qui est extraverti) : **J** Jugement/**P** Perception.

Les quatre préférences d'une personne déterminent son type de personnalité. Le type se présente sous forme de quatre lettres. Exemple : INTP. Il y a seize types au total, ce qui en fait un outil très fin.

---

[8] Le MBTI® est un outil déterminant le type psychologique d'un sujet, suivant une méthode proposée en 1962 par Katherine Cook Briggs et Isabel Myers Briggs. Katharine Briggs a développé son modèle à partir des théories de Carl Jung sur la personnalité. Isabel Myers Briggs est la fille de Katharine.

« État du moi » est le premier concept élaboré par Éric Berne. Il désigne les différents états d'esprit et les habitudes, réflexes de comportement qui y correspondent, tels qu'ils se présentent à l'observation directe.

Si nous sommes dans un état d'esprit joueur (El pour enfant libre) face à quelqu'un qui est en pleine réflexion (A pour adulte), la communication risque de mener à une dispute.

Il y en a trois principaux et sont donc faciles à retenir. Une fois que leur signification est bien intégrée, nous pouvons repérer si nous sommes dans le même État du moi que notre interlocuteur ou si nous avons à en changer pour bien communiquer.

### Analyse transactionnelle – messages contraignants (ou contre-injonctions)

Ce sont des directives parentales qui, à force d'être entendues (pas nécessairement sous cette forme mais le sens y était), s'enregistrent dans l'individu.

Le message continue d'agir, même en l'absence des personnes qui en étaient à l'origine, et influence le comportement.

Les connaître permet de se libérer progressivement d'une éventuelle tyrannie intérieure qui fait aussi souffrir l'entourage par ricochet.

### Médecine traditionnelle chinoise

Dans la conception énergétique chinoise, les émotions engendrent des mouvements d'énergie perturbateurs, qui peuvent bloquer plus ou moins durablement la circulation dans les organes.

Tempérament et santé sont donc intimement liés.

La connaissance du profil énergétique renseigne sur l'hygiène de vie particulière qui améliorera l'état de l'individu.

# Les types de personnalité selon quelques outils de connaissance de soi (1/2)

| Énnéa-gramme | 1 Rigueur personnelle, idéaux élevés | 2 Amour, aide | 3 Capacité à réaliser et à réussir | 4 Sens du beau | 5 Connaissance, précision | 6 Loyauté | 7 Joie, optimisme | 8 Puissance, courage | 9 Acceptation, soutien |
|---|---|---|---|---|---|---|---|---|---|
| MBTI ® | | ISTJ L'inspecteur | ISFJ Le protecteur | INFJ Le conseiller | INTJ Le scientifique | ISTP Le fabricant | ISFP Le compositeur | INFP Le guérisseur | INTP L'architecte |
| | | ESTP Le promoteur | ESFP L'interprète | ENFP Le champion | ENTP L'inventeur | ESTJ Le superviseur | ESFJ Le fournisseur | ENFJ Le professeur | ENTJ Le maréchal |

| Analyse Transactionnelle États du Moi | P / Parent | | A / Adulte | E / Enfant | | |
|---|---|---|---|---|---|---|
| | Parent normatif | Parent nourricier | Exploration de l'environnement La raison, la réflexion, l'analyse, l'information | Enfant adapté rebelle | Enfant adapté soumis | Enfant libre |
| | Protection et transmission de valeurs | Permission et encouragement | | Opposition légitime | Adaptation à l'environnement | Expression des besoins et des émotions de base |

**Les types de personnalité selon quelques outils de connaissance de soi (2/2)**

| Analyse Transactionnelle Messages contraignants | Sois parfait ! | Fais plaisir ! | Fais des efforts ! | Dépêche-toi ! | Sois fort ! |
|---|---|---|---|---|---|
| Médecine chinoise Profils énergétiques | Shao Yin Radicelles | Jue Yin Petites racines | Tai Yin Grosses racines | Yang Ming Tronc | Shao Yang Branches | Tai Yang Feuillage |

Chaque outil a sa manière de voir les traits de personnalité, sa manière d'en parler, tous se complètent et sont riches d'enseignements pour mieux comprendre son fonctionnement et celui des autres.

Un autre intérêt majeur est de sortir de ses propres pièges plus rapidement et plus facilement.

En fin d'ouvrage, vous trouverez des adresses de sites Internet et des références bibliographiques. Rencontrer un professionnel certifié vous apportera bien davantage qu'une lecture des descriptifs.

*La perception*

Percevez-vous par la vue, le toucher, l'ouïe, le goût, l'odorat, l'équilibre, le chaud/le froid, la proprioception[9], la douleur ?

La plupart d'entre nous ont appris à ne pas rester dans la perception.

Déjà enfant, si nous étions pris à regarder par la fenêtre, il y avait toujours un adulte pour dire « Qu'est-ce que tu fais ? ».

Dès la petite enfance, il nous a fallu transformer nos ressentis, passer à l'action : « Tu as froid ? Mets ton gilet. », « Tu n'aimes pas les oignons ? Donne-les-moi. », « Tu aimes cette musique ? Veux-tu que je t'achète le CD ? », « Regarde ce poisson. Dessine-le maintenant. »

Si nous restions en permanence au niveau de la perception, nous ne pourrions pas suivre le programme scolaire qui sollicite toutes les activités mentales. Cependant, quel dommage que nous n'ayons pas eu plus souvent d'autres réponses (et questions) nous apprenant à savoir rester dans le ressenti :

« Tu as froid ? Tu sens les changements dans ton corps ? Tu sens les muscles qui se contractent ? Tu vois les petits poils se dresser sur tes bras ? Peux-tu rester comme ça à t'amuser à ressentir le froid ou est-ce trop désagréable ? »

« Tu n'aimes pas les oignons ? Qu'est-ce que tu n'aimes pas ? L'aspect ? La texture ? L'odeur ? Le goût ? »

« Tu aimes cette musique ? Elle te donne envie de danser, de pleurer, de dormir ? À quoi te fait-elle penser ? Tu vois, tes oreilles aussi ont des goûts. Là cette musique te fait du bien aux

---

[9] La proprioception permet d'avoir conscience de la position et des mouvements de chaque segment du corps (position d'un doigt par rapport aux autres, par exemple) et donne au système nerveux, de façon inconsciente, les informations nécessaires à l'ajustement des contractions musculaires pour les mouvements et le maintien des postures et de l'équilibre. © *Larousse médical*

oreilles et moi les gros mots me font du mal aux oreilles, tu comprends ? »

« Regarde ce poisson, prends le temps, tout le temps que tu veux pour le regarder ».

La perception est notre porte d'entrée vers le réel. Sans perception, nous ne verrons pas que nous importunons cette dame qui essaie gentiment de nous signifier qu'elle est pressée. Nous ne verrons pas que notre petit dernier n'a pas le même entrain que d'habitude et qu'il faudrait peut-être prendre sa température. Nous n'entendrons pas que notre ami, à qui nous téléphonons, n'a pas la même voix que d'habitude et que ce n'est peut-être pas le moment de lui parler de nos petits problèmes mais plutôt de lui demander comment il va.

Si ces situations vous parlent particulièrement, que vous sentez que ce sont des éléments qui manquent dans votre vie, les temps de relaxation du parcours Sêmera vous seront particulièrement bénéfiques[10].

### Les automatismes, les routines

Comme son nom l'indique, cette activité mentale relève de la répétition, des procédures bien huilées, des consignes bien enregistrées, des habitudes comportementales.

Est-ce qu'enfant, vous preniez plaisir à faire telles choses toujours dans le même ordre ? « Quand je rentre, j'enlève mon manteau, je l'accroche à une patère, toujours la même. Puis je m'assois sur mon petit banc, j'enlève mes chaussures. J'enfile mes chaussons. Je range mes chaussures dans le placard à chaussures. Je referme bien la porte du placard. Je passe aux toilettes. Je me lave les mains minutieusement et me les sèche tout aussi minutieusement. Ensuite, je vais dans la cuisine où je me prépare mon goûter, toujours le même. Ah, c'est bon de rentrer chez soi ! »

---

[10] Si vous souhaitez aller plus loin, la méthode Vittoz peut vous intéresser (voir *Sites Internet* en fin d'ouvrage).

L'avantage principal, pour les personnes qui passent du temps dans cette activité mentale, est l'efficacité alliée à un sentiment de sécurité.

L'inconvénient majeur est la difficulté à s'adapter aux situations perturbant les dites routines. Imaginez la réaction de l'enfant si ses parents remplacent son petit banc par une chaise ordinaire ou si la pâte à tartiner vient à manquer.

### La logique, le raisonnement, les relations

C'est l'activité mentale qui est survalorisée à l'école. Elle est associée, quasi exclusivement, à tort, à l'intelligence.

Autant la personne qui privilégie les automatismes aura, par voie de conséquence, de la disponibilité pour percevoir (le confort de ses chaussons, le goût de sa pâte à tartiner chérie), autant la personne qui privilégie l'analyse ne cessera de faire des allers-retours entre la perception et le raisonnement.

L'avantage principal pour les personnes qui passent du temps à analyser, c'est d'avoir de meilleures chances de réussite dans les études, de réfléchir avant de décider.

L'inconvénient, c'est que l'analyse peut s'avérer sans fin et qu'en s'y complaisant, on risque d'oublier son corps et de ne plus bien ressentir les signes qu'il nous envoie.

Ce sont aussi l'orgueil et le mépris qui peuvent survenir, tant cette activité mentale est valorisée.

Imaginons un champ de bataille en temps de guerre. Le lieutenant, voyant que l'ennemi prend l'ascendant, ordonne à ses troupes de se replier. Tous les soldats courent vers le camp de base sauf un. Il privilégie l'analyse et se demande si cet ordre est véritablement opportun. Il est propulsé par une bombe et meurt. Parfois, il faut savoir faire confiance et obéir... sans réfléchir !

Certains parents valorisent l'imagination mais d'autres prennent peur lorsqu'un enfant semble s'installer dans l'imagination. « Il vit dans un monde parallèle. », « Je ne sais pas où elle va chercher tout ça. », « Enfin, il faudra bien que ça se calme et qu'il comprenne ce que c'est que la vraie vie avec ses règles et ses horaires, ses obligations. », « Quand je lui demande si elle a compris sa leçon de maths, elle me répond que son dragon Gaston lui donnera les solutions ! ».

L'avantage principal pour les personnes qui passent du temps à imaginer, c'est que si on leur fait confiance, elles sont capables de trouver des solutions là où quelqu'un formaté par ses automatismes n'en trouverait pas.

Elles apportent de la nouveauté, de l'inédit.

Elles aiment prendre du temps pour fouiner dans l'existant et laisser libre cours à des associations d'idées, ce qui, de fil en aiguille, aboutira à un fourmillement d'idées personnelles puis à une création.

Si une personne reste trop dans l'imagination, elle ne concrétise pas ses idées.

D'où l'intérêt de s'associer :

- à une personne qui préfère l'analyse. Elle réfléchira à la meilleure manière d'exploiter les idées ;
- à une personne qui préfère les automatismes. Elle fabriquera efficacement en $x$ pièces la création.

Nous favorisons l'une de ces activités mentales. Nous y passons plus de temps. Or dans certaines circonstances, c'est une autre activité mentale qui serait plus appropriée.

Dans les situations plus complexes, il sera probablement préférable d'utiliser les quatre activités mentales.

Par exemple, un décorateur qui n'userait pas d'imagination risque de reproduire sans cesse le même genre de projets et de ne pas s'adapter aux envies de ses clients.

Un décorateur doté de beaucoup d'imagination, s'il ne prend pas le temps de vérifier au fur et à mesure que ses idées collent aux contraintes du réel et seront durables dans le temps, risque de mécontenter également ses clients.

C'est une gymnastique de l'esprit de savoir choisir, en fonction d'une situation, l'activité mentale la plus adaptée.

### Les intelligences multiples

À force de privilégier tel comportement et telle activité mentale, nous avons développé certaines intelligences plus que d'autres. Nous nous sommes spécialisés. Et c'est peut-être grâce à cette spécialité que nous avons trouvé notre métier.

Avec les années, sans que nous nous en apercevions forcément, nous nous enfermons dans un fonctionnement et nous nous privons de nombreuses expériences qui donneraient plus de saveurs à notre existence.

Examinez maintenant le descriptif des intelligences suivantes et retrouvez celles dans lesquelles vous vous êtes spécialisé. Reportez dans votre carnet celles dans lesquelles vous vous sentez inexpérimenté. Ces intelligences-là sont une manne pour vous ! Elles vont vous permettre de goûter autrement le reste de votre vie !

• **Kinesthésique** : s'exprimer à travers le mouvement, être habile avec les objets.

• **Interpersonnelle** : entrer en relation avec les autres.

• **Intrapersonnelle** : avoir une bonne connaissance de soi-même.

• **Logico-mathématique** : raisonner, compter et calculer, tenir un raisonnement logique.

• **Musicale** : percevoir les structures rythmiques, sonores et musicales.

• **Naturaliste** : observer la nature sous toutes ses formes, reconnaître et classifier des formes et des structures dans la nature.

• **Linguistique** : percevoir les structures linguistiques sous toutes leurs formes

• **Visuo/spatiale** : percevoir le monde visible avec précision dans ses trois dimensions.

Pistes

Observations

o Quelle est votre activité principale ? Est-elle physique ou mentale ? Les deux ? Quelles capacités utilisez-vous le plus souvent ? A priori, qu'est-ce que vous croyez devoir faire pour être aimé ?

o Dessinez-vous enfant dans le coin de la chambre. Il est en train de... Dessinez en fonction des réponses aux questions ci-dessus. (Est-ce que vous vous enthousiasmez ou vous vous angoissez à l'idée de dessiner ? Qui juge en vous ?)

o Cherchez des situations pour lesquelles vous avez utilisé votre activité prépondérante puis demandez-vous comment vous auriez pu réagir autrement.

o Essayez de mettre un temps de silence avant vos réactions et choisissez consciemment une activité mentale, autre que celle qui est prépondérante chez vous, pour réagir (ex :

automatisme au lieu d'analyse). Qu'est-ce que cela occasionne comme effets ?

○ Est-ce que vous vous investissez, malgré vous, et sans demander l'approbation, dans la vie d'autres personnes pour qu'elles soient reconnues (collègues, parents, enfants...) ?

Activités selon vos préférences

*Routine*

*Zazen* signifie méditation assise.

Méditation dans le sens oriental[11].

Hors de tout contexte religieux, *zazen* est présenté comme une pratique bénéfique. Plusieurs études ont été menées par l'académie de médecine du Japon dans les années 1960.

Il a été prouvé que la méditation orientale déclenchait, comme dans un sommeil profond, les ondes cérébrales *alpha* et *thêta*, qui sont dues à l'afflux de sang dans les couches supérieures du cerveau, alors très bien irrigué. Certains moines et laïcs tentent de faire connaître *zazen* comme un bon exercice de concentration qui apporte sérénité, calme et bien-être[12].

---

[11] La méditation occidentale suppose l'étude d'un texte, d'une image. Elle nourrit l'esprit et apporte des repères. Les deux types de méditation se complètent.

[12] Vous trouverez sur le site semera.fr une page consacrée à *zazen* avec maintes explications. L'idéal est de vous rapprocher d'une personne qui enseigne *zazen* afin qu'elle vous apprenne à bien vous positionner. La pratique en groupe permet la régularité. Il existe peut-être un Dojo près de chez vous qui organise des sessions.

*Les bronzés font du ski*, de Patrice Leconte (1979)
*Hannah et ses sœurs*, de Woody Allen (1986)
*Gladiator*, de Ridley Scott (2000)
*Caramel*, de Nadine Labaki (2007)
*Les noces rebelles*, de Sam Mendes (2009)
*Inception*, de Christopher Nolan (2010)

Dans ces six films, nous suivons le cheminement de personnalités très différentes.

Toutes évoluent comme elles peuvent, avec leurs anciennes blessures et les talents qu'elles ont développés.

Nous voyons aussi divers niveaux de communication et parfois, des murs infranchissables à l'intérieur desquels une personne malheureuse s'est installée.

*Imagination*

Laissez votre imagination œuvrer pour vous approprier l'enseignement de ce chapitre : à vos crayons !

# 3. La souffrance (partie 1)

Parfois, l'enfant n'en peut plus. Il pleure, crie, souffre trop de cet enfermement.

Dans un espace où vous pouvez vous mouvoir sans rien heurter de dangereux ou fragile, posez au sol deux ou trois vêtements qui ne craignent rien, un peu à cheval les uns sur les autres mais pas complètement.

Mettez en route une musique relaxante.

Vous allez vous placer près des vêtements. Les yeux fermés, vous allez marcher sur le contour des vêtements, comme si vous vous promeniez sur les côtes d'un rivage en concentrant votre attention sur le ressenti au niveau de vos pieds. N'essayez pas de deviner quelle forme vous longez, restez juste dans le ressenti.

Alternative : prenez un vêtement au hasard et, les yeux fermés, manipulez-le en concentrant votre attention sur le ressenti au niveau de vos mains.

## Enseignement

La souffrance est un sujet très vaste, il faudra que vous preniez le temps de creuser chaque point et voir ce qui résonne.

### Souffrance et croyances

*Croyance concernant la souffrance et le ressenti*

La souffrance est liée au fait que nous soyons vivants. Demandez à une pierre si elle a mal. La personne qui veut se suicider ne veut plus souffrir. Ne plus rien ressentir du tout pour ne plus souffrir.

Imaginons trois familles différentes se promenant dans la rue, elles approchent d'un muret.

- Dans la famille Sanrisk, l'enfant met un pied sur le muret, un de ses parents lui dit : « Ne monte pas là, tu vas te faire mal. » Derrière cette phrase, on peut comprendre : « Je ne veux pas être sollicité donc je n'écoute pas ton désir qui risque de m'amener à être contrarié. »

- Dans la famille Grodur, l'un des parents a motivé l'enfant à grimper sur le muret. L'enfant tombe et se met à pleurer. L'un des parents dit : « Arrête de pleurer, tu n'as pas mal. » Derrière cette phrase, on peut comprendre : « Je ne suis pas d'accord pour ressentir de la contrariété, je veux que cette sensation désagréable cesse immédiatement, je n'écoute pas ta sensation non plus. »

- Dans la famille Vie, l'enfant monte sur le muret. Ses parents ressentent une contraction dans la poitrine. Ils se disent que c'est normal, qu'être parent est parfois angoissant. Ils le laissent marcher et le regarde attentivement en souriant. Un des parents lui dit : « Je suis content de te voir t'amuser. » Derrière cette phrase, on peut comprendre : «J'accepte d'être sollicité si cette prise de risque tourne mal et, pour le moment, je partage ta joie de vivre. »

Une de ces trois attitudes, répétée toute notre enfance, va avoir une incidence sur notre rapport au ressenti, douleur comme plaisir.

*Croyance concernant la souffrance et l'amour*

Que se passe-t-il si les parents s'intéressent à l'enfant uniquement lorsqu'il souffre ? Ou s'il est délaissé au profit d'un frère, une sœur handicapé(e) ou gravement malade ?

L'enfant risque d'enregistrer « on est aimé quand on souffre ».

Ou bien au contraire si les parents lui donnent beaucoup d'amour mais le délaissent chaque fois qu'il exprime sa souffrance ? Va-t-il enregistrer « on est aimé quand on dit que tout va bien » ou encore « on n'est pas aimé quand on souffre sauf si on exagère la souffrance » ?

Va s'ensuivre un plan de vie inconscient où la personne va toujours se retrouver dans des situations de détresse. Ou toujours affirmer que « ça va » même si elle vit une souffrance extrême.

Là encore la prise de distance, grâce à la compréhension de ce qui se met en place, ainsi que l'aide de l'ami interne, vont permettre de dépasser cela pour se sentir aimé, que l'on souffre ou pas.

### Souffrance et déni

À cause de ces croyances, nous pouvons refuser le ressenti. Nous avons une douleur dans la jambe ou un souci nous occupe l'esprit mais nous persistons à nous persuader que « ce n'est rien » ou nous gérons en disant « je n'ai pas le temps pour ça ».

Quand nous refusons ce que nous ressentons, nous ne sommes plus dans le réel et nous risquons fort de fuir dans le coin de la chambre. Nous ne pouvons pas prendre de bonnes petites décisions tant que nous n'avons pas pleinement reconnu la douleur.

Selon chaque personne, il y aura un stade à partir duquel il ne sera plus possible de refuser le ressenti car il aura pris toute la place, celle que nous ne lui faisions pas.

Attention, il s'agit de rééquilibrer en vue de s'adapter au présent et au réel. Chaque fonctionnement a ses avantages et ses inconvénients. Savoir nier la souffrance permet de différer son expression et/ou son traitement à un moment plus opportun. Certaines personnes ne savent pas faire cela et vont par exemple déployer beaucoup d'énergie à la moindre douleur et dans n'importe quelles circonstances pour qu'on s'occupe d'elles.

Entre le déni et l'hypocondrie, apprenons à évaluer le degré d'urgence et d'importance de la douleur.

### Souffrance et surprise

La souffrance est en général au moins une deuxième fois. La première fois que nous vivons une expérience négative, nous sommes dans une sorte de sidération où nous ne contrôlons rien et c'est instinctivement perçu comme un danger. Quand nous revivons une telle situation, nous avons gardé inconsciemment en mémoire que nous n'avions pas eu la maîtrise et cela ravive des sensations désagréables.

L'éducation nous apprend à pouvoir enregistrer : une surprise, une situation complètement neuve, une situation où je ne maîtrise rien, ça peut être agréable, ça peut être bien, ce n'est pas toujours un danger.

### Souffrance et action

Une fois la souffrance reconnue, il faut tout essayer pour en sortir et une fois que nous avons tout essayé, alors il convient d'accepter.

Mais nous nous apercevons que nous sommes rarement dans une situation où nous avons vraiment tout essayé, d'autant que le monde évolue, la médecine fait de nouvelles découvertes. C'est plutôt que nous nous sommes découragés, que nous nous sommes renfermés au lieu de rester confiants et ouverts, et demander de l'aide sans relâche.

### Souffrance et contexte

Si je me pince moi-même, si un ami me pince ou si un inconnu me pince, je ne vais pas le vivre de la même manière pour une sensation strictement identique.

Si, à l'hôpital, dès mon réveil, une infirmière me fait une prise de sang sans me parler ou si la veille, une infirmière m'a demandé si je suis d'accord pour qu'elle me fasse une prise de sang le lendemain au réveil, afin d'adapter au mieux mon traitement, je ne vais pas vivre la prise de sang de la même manière.

Prendre conscience de cela aide à revenir plus vite dans le présent et le réel.

Réaliser que je vis très mal la situation car un inconnu est intervenu dans mon cercle d'intimité ou parce qu'on ne m'a rien expliqué, que je ne me suis pas senti respecté. Comprendre que c'est normal que cela accroisse la souffrance et s'en départir peu à peu.

### Souffrance et normalité

Les personnes qui nous ont éduqués sont censées nous avoir aidés à distinguer les souffrances « normales » des souffrances « anormales » afin qu'une fois adulte, nous puissions nous prendre en charge correctement.

Mais tous les cas de souffrance ne se sont bien sûr pas présentés, notre formation est incomplète.

Cela peut influencer notre rapport à la souffrance quand nous ne savons pas comment nous sommes censés réagir et agir. En plus d'avoir mal, nous nous sentons perdus.

Je me souviens de cette dame, née dans les années 1920, et vivant en ville. Sa mère n'avait pas cru utile de lui expliquer ce qu'étaient les règles. Ou bien elle l'avait fait à sa manière sans vérifier que sa fille avait bien compris. Chaque mois, la jeune fille qu'elle était alors, croyait qu'elle mourait quand elle était réglée. Elle ignorait complètement ce qui lui arrivait. Elle vomissait de peur la journée. Et la nuit, elle cherchait le réconfort auprès de son frère apeuré, convaincu lui aussi qu'elle allait mourir.

Une autre dame de la même génération vivait à la campagne. Ses parents avaient une ferme. Elle avait observé que les vaches avaient des menstrues. Quand ça lui arrivait, elle disait qu'elle avait comme les vaches. Donc c'était normal et ça ne lui posait aucun souci.

En matière de souffrance, poser un diagnostic rassure et il est important d'aller voir votre médecin si une souffrance importante s'installe.

De nombreuses personnes se jettent sur Internet et s'inquiètent encore davantage sans être pour autant fixées sur leur « sort ».


### Gestion commune de la souffrance

Une fois que nous avons enregistré la marche à suivre pour être aimés, nous mettons en place une manière de vivre qui n'est pas en phase avec le réel car :

- elle comporte intrinsèquement de la subjectivité (il y a plusieurs croyances à propos de comment être aimé) ;
- notre attente d'amour est démesurée, elle sera forcément déçue.

L'enfant, les parents et le voisin du dessus internes vont chacun tirer de leur côté. L'un ou l'autre va tirer sur la corde un bon coup pour recréer un équilibre précaire et calmer provisoirement la souffrance.

Ce mécanisme est complètement inconscient.

La pleine conscience, c'est repérer ce qui se trame entre l'enfant, les parents et le voisin du dessus internes puis sortir du triangle, le voir à distance, sans en être prisonnier.

Cela apporte beaucoup de paix car nous ne sommes plus au cœur d'une tourmente qui nous dépasse amplement.

Nous pouvons alors prendre les bonnes petites décisions pour aller mieux et sortir du cercle vicieux.

Pistes

Observations

o Entraînez-vous à reconnaitre la subjectivité du ressenti pour mieux vous en détacher : qui vous touche ? (sens propre et figuré) Pour quoi faire ? À un moment où vous vous sentez bien ou pas ?

o Comment votre rapport au ressenti s'est-il construit ? Recherchez-vous la douleur ? La fuyez-vous ? Et le plaisir ? Quelles sont vos croyances ? Demandez à votre ami interne de vous aider à rééquilibrer votre rapport au ressenti.

o De quoi avez-vous le plus souffert ? Qu'est-ce qui s'est mis en place dans votre fonctionnement pour diminuer cette souffrance ? Qu'est-ce que cela a engendré comme fermetures ?

o Où en êtes-vous dans votre recherche de solution par rapport à ce qui vous fait souffrir ? Découragé ? Actif ? Et êtes-vous plutôt dans l'acceptation et le « laisser être » ou dans la volonté de maîtrise ? Demandez à votre ami interne de vous aider à retrouver ouverture et confiance.

o La souffrance est une alarme tirée. Allez-vous l'écouter en pleine conscience ? Reconnaître ce qui se trame (triangle) ? Prendre les bonnes petites décisions ?

*Routine*

Chaque matin, prévoyez un moment qui vous fera du bien.

Bain, achat d'un petit bouquet de fleurs, restaurant avec un copain, coup de fil à une personne bienveillante, lecture d'un roman passionnant...

Chaque soir, faites le point et notez ce qui vous a effectivement fait du bien.

Ne vous endormez pas sans avoir eu au moins un petit moment agréable dans la journée.

*Analyse*

*Paris, Texas*, de Wim Wenders (1984)
Après avoir été terrassé par la souffrance, Travis va méthodiquement essayer de reconstruire. Cela occasionnera de la souffrance à d'autres personnes. Mais Travis sait qu'elles pourront se réconforter l'une l'autre.

*Ladybird*, de Ken Loach (1994)
Quand la souffrance semble devoir être le quotidien, toute la vie. *Ladybird* est un film poignant montrant :

- la vie qui reprend le dessus, encore et encore ;
- les moments de court bonheur, comme chapardés au destin.

*In the mood for love* et *2046*, de Wong Kar-wai (2000 et 2004)
On trouve un fond permanent d'insatisfaction dans ces deux films qui se suivent.

*In the mood for love* et *2046* constituent deux exemples très esthétiques d'une souffrance engendrée par la non connexion du héros au présent et au réel.

*Intouchables*, d'Olivier Nakache et Eric Toledano (2011)
Une vaste panoplie de situations de souffrance et d'empathie est présentée dans ce film qui a su toucher un large public.

*Blue Jasmine*, de Woody Allen (2013)
Ce film illustre bien l'aveuglement extrême qui engendre :

- enfermement perpétuel dans des situations sources de déconvenues ;
- impact dévastateur sur les proches.

Ou ce qui arrive quand on ne se remet jamais en cause.

*Mommy*, de Xavier Dolan (2014)
Que d'amour et que de souffrance dans ce film incroyable ! La vie et la parentalité version XXL.

*Imagination*

Laissez votre imagination œuvrer pour vous approprier l'enseignement de ce chapitre : à vos crayons !

# 4. L'enfant interne : les pulsions

© Valentine Cayet 2017

Pour se calmer, l'enfant prend sa tablette tactile ou il mange des bonbons.

## Relaxation

Allez dehors, choisissez l'ouïe, la vue ou le toucher. Portez votre attention sur vous-même et ce qui vous entoure grâce au sens physiologique choisi. Laissez venir et repartir les pensées, revenez à la perception de votre corps et de l'environnement par le sens choisi. Changez ou pas de sens physiologique.

## Enseignement

### Pulsions et origines

Il est primordial de retenir que nous n'avons pas directement la main sur nos pulsions. Elles sont déjà là quand nous en prenons conscience.

Elles veulent être satisfaites tout de suite et s'imposent à nous.

Vouloir les anéantir, les supprimer, les éradiquer, c'est partir pour une vaine bataille.

Que d'énergie dépensée par certains hommes, au nom de la religion, par exemple, pour en venir directement à bout.

À moins que, sachant qu'il y aurait toujours des batailles à mener, ils gagnent en pouvoir grâce à un procédé bien répandu : la culpabilisation.

### Pulsions de vie et pulsions de mort

*Les pulsions de vie*

Elles recouvrent les pulsions sexuelles et les pulsions d'autoconservation (fécondité au sens propre et au sens figuré).

Exemples : tomber amoureux, s'engager dans l'humanitaire, vouloir faire avancer la science pour sauver des vies, etc.

Elles s'opposent aux pulsions de vie. Elles tendent à la réduction complète des tensions et à l'autodestruction. Elles sont tournées vers l'intérieur mais dans certains cas peuvent évoluer vers l'extérieur sous forme d'agressivité.

Exemples : être en dépression, se droguer, penser à se suicider, porter des coups, etc.

Les médecins sont formés pour accompagner et orienter les personnes qui souhaitent changer leur comportement.

## Pulsions et qualifications

Les pulsions sont souvent associées aux vices et sont condamnées.

Nous les traquons.

En fait, nous ne les comprenons pas et nous les haïssons car nous les subissons.

Que nous les appelions dépendances, addictions, vices, péchés, défauts ou faiblesses, elles ne dorent pas notre blason.

Impérieuses, elles nous font perdre la tête.

Elles ne se laissent pas facilement définir car il ne s'agit pas seulement d'instincts[13], mais aussi de représentations, d'imprégnations. Par exemple, un enfant a vu son père ou sa mère acheter impulsivement une moto, un vêtement, et a constaté la satisfaction immédiate, la baisse de tension générée. Il l'a expérimenté et va peut-être le reproduire plus tard.

Les péchés capitaux (dans le sens qui proviennent de notre mental) se traduisent par des actes dont le point de départ est instinctif. Le problème provient de la démesure que cela prend.

---

[13] Lié à notre animalité, nous en sommes tous pourvus.

Remontons le temps et imaginons-nous il y a 30 000 ans.

Deux *Homo sapiens* s'accouplent. Le jugement associé serait : « Attention à ne pas verser dans la luxure ! »

Un *Homo sapiens* cueille des baies et refuse de partager avec un autre *Homo Sapiens*. Le jugement associé serait : « Attention à ne pas verser dans l'avarice ! »

Un *Homo sapiens* se goinfre de baies. Le jugement associé serait : « Attention à ne pas verser dans la gourmandise ! »

Un *Homo sapiens* fait face à un mammouth en hurlant. Le jugement associé serait : « Attention à ne pas verser dans la colère ! »

### Instincts dominant-dominé

Changeons d'époque et arrêtons-nous un siècle avant notre ère.

Cléopâtre est en colère contre un peintre. Le peintre transfère la colère subie et se met en colère contre ses apprentis.

Une servante de Cléopâtre envie les bijoux de grande valeur de Cléopâtre. La fille de la servante regarde avec envie les bijoux de faible valeur de sa mère.

Cléopâtre pose en « Reine du Monde ». La fille de la servante s'est fabriqué une couronne de fleurs et se prend pour une reine. Illustration de l'orgueil.

Jules César essaie de prendre une jarre parmi les centaines dont Cléopâtre dispose. Cléopâtre refuse catégoriquement. Jules César refuse que ses soldats se resservent en sanglier, il le garde pour lui seul. Illustration de l'avarice.

Retenez-bien qu'il s'agit d'un péché lorsque que nous sommes installés dans une répétition à l'infini du même comportement. Nous ne pouvons nous empêcher totalement d'avoir les comportements décrits dans les exemples puisqu'ils sont instinctifs. Le point intéressant est de vous demander si un de ces comportements est présent quasi quotidiennement dans votre vie ; puis quelles souffrances, quelle(s) blessure(s) il compense.

On constate, à travers l'Histoire, que certains groupes d'hommes ont décidé de porter un jugement sur des comportements difficilement maîtrisables car instinctifs. Par empathie ? Pour acquérir du pouvoir ? Peut-être bien un mélange des deux. Ces jugements, accompagnés de sanctions en tous genres, ont structuré les cultures et ont occasionné des refoulements imposés.

Or nos instincts, refoulés par un jugement intégré, ressurgissent autrement, se manifestent indirectement par d'autres voies, elles aussi, en général, condamnées. Cette pression occasionne la mise en place d'un véritable cercle vicieux.

S'ajoute un décalage entre la frugalité qui a prévalu très longtemps[14] et l'abondance à laquelle certains ont désormais accès, dans un placard, à portée de main. Notre corps continue de se jeter sur le sucré même s'il n'en a pas besoin.

N'omettons pas non plus les évocations sexuelles omni présentes (affichages urbains, publicités télévisées, clips vidéo...) ou complètement taboues, selon les cultures. Dans les deux cas, nous sommes tenus de ne pas laisser notre instinct nous diriger aveuglément.

Il nous faut donc apprendre à choisir plutôt que subir, à accueillir ce que nous sommes réellement aujourd'hui et à guider les transformations avec intelligence et bienveillance.

Et puis, la vie urbaine nous coupe tellement de certains de nos besoins (liens réels et sincères avec autrui, symbiose avec la nature, que notre travail ait du sens, reconnaissance proportionnelle au travail fourni, sommeil de qualité, etc.) qu'il y

---

[14] Cette frugalité des espèces humaines a prévalu pendant des dizaines de milliers d'années. Elle a marqué notre ADN de cette pulsion vers le fruit mûr, vers le sucré.

a un effet de décompensation qui occasionne un besoin de plaisir ou de déni accru, en surenchère de nos instincts.

### Pulsions et oralité

Ce qui relève de l'oral est ce qu'il y a de plus difficile à modifier car bébés nous nous étions calmés avec le sein, la tétine, le pouce, les bonbons, etc. De plus, notre instinct de survie nous pousse, en cas de stress, à nous tourner vers du sucré. La cigarette fait aussi partie de ce que les hommes ont créé pour répondre à la pulsion orale.

Il faut donc envoyer des signes au cerveau pour lui indiquer qu'il n'y a pas de danger. L'attention portée à une respiration qui devient de plus en plus ample et fluide est un bon moyen d'envoyer une information de sécurité, de vie au cerveau, et freiner ainsi la pulsion orale.

Il n'y a pas qu'en cas de stress, qu'une pulsion orale peut survenir.

Nous avons vu que certains d'entre nous ont appris à ne pas rester dans la perception. Ces personnes ont plus de difficultés à juste « être ».

Dès qu'il y a de l'ennui, un vide, un manque, elles vont le combler. Et quand nous parlons d'oral, ce n'est pas seulement le sucré ou la cigarette, ce peut être la personne qui ne laissera aucun silence dans une relation et va sans cesse parler.

Nous pouvons demander à l'ami interne de nous aider à apprendre ou réapprendre à goûter l'ennui, le vide, le silence, à rester juste dans notre corps et le sentir respirer.

Accepter ce vide pour pouvoir un jour mettre un petit temps avant nos réactions et agir en pleine conscience. Pouvoir se taire avant de parler ou avant de répondre pour avoir le temps de déceler si c'est moi qui parle ou mon inconscient ; si c'est l'autre qui parle ou son inconscient.

### Pulsions et gestions

Selon les cultures, la gestion des pulsions de l'enfant interne se fait grâce au renforcement des parents internes (à l'extrême : régimes intégristes et dictatoriaux) ou grâce à la satisfaction immédiate des pulsions de l'enfant interne sous forme d'objets et services de consommation (à l'extrême : régimes consuméristes).

Certaines personnes ne vont pas se tourner vers une consommation mais vont être hyperactifs ou fuir dans des fantasmes.

La réponse adéquate est intrinsèquement personnelle : savoir reconnaître l'expression de ses désirs et blessures refoulés pour les faire vivre d'une manière sublimatoire est une des clés pour parvenir à une vie unifiée et pacifiée.

D'oppressés, consommateurs, « speedés » ou rêveurs, nous pouvons devenir créateurs respectueux de soi, des autres, de l'environnement.

N'oublions pas que notre force réside dans notre capacité à adhérer à des croyances communes et dans notre capacité à coopérer avec d'autres, de manière parfois très élaborée, pour résoudre des problèmes.

### Pulsions et sublimation

La sublimation des pulsions est un travail de longue haleine, jamais achevé puisqu'encore une fois, nous n'avons pas de prise directe sur les pulsions, elles nous accompagnent jusqu'à notre mort. Il nous faut apprendre à danser avec elles plutôt qu'à les fuir ou tenter de les éradiquer.

La découverte d'une nouvelle activité, d'un nouveau centre d'intérêt, peut être l'occasion de satisfaire ou refouler un désir, de guérir ou refouler une blessure.

C'est ce que l'école et l'apprentissage d'un métier permettent. C'est pourquoi le chômage a des conséquences sociales dramatiques.

Rien ne se perd, rien ne se crée, tout se transforme.

Il s'agit donc de transformer et de mettre les capacités de notre cerveau à notre service plutôt que de les laisser nous mener la vie rude.

Avec l'aide d'un tiers (médecin, psychologue, coach professionnel, conseiller spirituel formé au discernement...) ou seul si nous sommes suffisamment bien, nous allons chercher à diviser un désir primitif en plusieurs désirs sublimés. Par exemple, un homme qui voudrait faire l'amour tout le temps va transformer cela en désir de photographier, peindre des femmes et il sera occupé par sa formation, l'achat du matériel, la préparation des expositions, la gestion du carnet de commandes...

Toute l'énergie du désir va être utilisée.

Trois mots clés à retenir pour sublimer : APPRENDRE - CRÉER – PARTAGER

### Pulsions et pièges

Votre inconscient risque de vous dissuader de prendre soin de vous : prendre rendez-vous avec votre médecin, utiliser votre trousse d'urgence[15]. Il vous enverra toutes sortes de messages tels que « c'est ridicule » « ça ne sera pas efficace » « je n'ai pas envie »

Accueillez ces messages, laissez-les passer tels des nuages et faites-vous confiance. Cette petite décision, ce petit acte posé sont bons pour vous.

---

[15] La trousse d'urgence vous sera expliquée dans le paragraphe *Pistes* de ce chapitre.

En résumé

1. Reconnaître (distinguer les gestes, les circonstances) ;

2. Accueillir (ne pas faire intervenir les parents internes de manière unilatérale, allumer la lampe et se dire « c'est normal ») ;

3. Faire venir l'ami interne (retrouver une bienveillance envers soi non pas pour céder mais pour prendre une bonne petite décision) ;

4. Sublimer le désir (répondre au désir d'une manière respectueuse de soi dans l'apprentissage, la création, le partage).


## Pistes

### Observations

o Entraînez-vous à reconnaître chez vous ou chez les autres les manifestations de certains de nos instincts :
- fusion, caresses, baisers...
- dominant/dominé : par rapport à des richesses, une érudition, une éducation, un talent, un réseau de relations...
- survie : de quoi sont capables les personnes qui fuient la guerre, l'extrême pauvreté.

o Est-ce que les personnes observées maîtrisent leurs instincts ou versent-elles souvent dans la démesure ? La colère, l'envie, l'orgueil, l'envie, la luxure, l'avarice et la gourmandise sont montrés du doigt car ils peuvent conduire à des actes plus graves (voire des crimes).

o Entraînez-vous à reconnaître au travers de l'Histoire comment certains groupes ont diabolisé cette nature ou y ont répondu par des objets et services de consommation. Et vous, où en êtes-vous dans le vécu de ces pulsions ? Censure ? Culpabilisation ? Satisfaction ? Sublimation ?

o Quels désirs humains se cachent derrière vos pulsions ? Il vous faut reconnaître vos désirs d'humain avant de pouvoir les accueillir puis les sublimer (apprendre, créer, partager).

o Quelles souffrances non vécues pleinement se cachent derrière vos pulsions ? Il vous faut reconnaître vos souffrances avant de pouvoir les accueillir et les vivre dans un contexte adéquat.

o Quelle pression trop grande de vos parents internes se cache derrière vos pulsions ? Il vous faut reconnaître cette pression avant de pouvoir l'accueillir et redonner à vos parents internes leur juste place, mettre davantage de douceur, d'indulgence dans votre vie (aide de l'ami interne).

o Avez-vous été initié au plaisir d'apprendre ? Essayez de vous remémorer ce que vous avez aimé apprendre. D'où venait le plaisir ? Qu'est-ce qui vous intéressait mais que vous n'avez pas approfondi par manque de temps ou de moyens[16] ?

o Préparez votre trousse d'urgence[17].

*Le toucher*

Dans la trousse d'urgence, vous pouvez mettre :

✓ un tissu doux ;

✓ un mémo pour avoir l'idée de prendre un bain ou aller courir pour ressentir votre enveloppe corporelle ;

✓ la carte de visite d'un salon de massage ;

✓ un petit carton à l'attention de votre partenaire « je ne vais pas bien, un câlin me ferait du bien » ;

---

[16] C'est aussi l'occasion de revoir ce qui avait résonné lors de votre lecture du paragraphe *Les intelligences multiples* au chapitre 2.

[17] Voir aussi les trousses d'urgence d'internautes sur semera.fr.

✓ un mémo « prendre rendez-vous avec Camille » parce que Camille est quelqu'un de tactile et qu'elle vous fera du bien.

*Le goût*

Pourquoi ne pas placer un paquet de chewing-gum dans la trousse d'urgence ou la liste des aliments santé que vous appréciez ? Vous pouvez y glisser les mémos suivants : « demander un bisou à mon partenaire », « chanter ».

La pulsion orale est souvent impérieuse ; il faut donc prévoir quelque chose de rapide et facile, le temps de reprendre ses esprits.

Se mettre un mémo : « je ne suis pas en danger, je peux habiter le silence, je respire ».

*L'odorat*

Insérez dans la trousse d'urgence un flacon d'huile essentielle, un peu de thé, des épices, un sachet de lavande, un mouchoir imprégné de parfum.

*L'ouïe, la vue*

Réalisez un support avec les titres de musique ou les clips qui vous donnent la pêche. Placez dans votre trousse d'urgence un dvd qui vous fait vous tordre de rire. Enregistrez dans les favoris de votre navigateur des vidéos hilarantes.

o Pour aller plus loin, vous pouvez lire *Le Test du marshmallow. Quels sont les ressorts de la volonté ?*[18]

---

[18] Retrouvez les références dans la *Bibliographie* en fin d'ouvrage.

*Routine*

Afin d'éviter les pensées toxiques au moment de vous endormir, fabriquez-vous mentalement une sorte de film constitué d'images fixes à contempler et/ou d'images animées et associez-y des sensations agréables (paysage de vacances, rituel de l'enfance...).

### Extrait de *Terre des hommes*, d'Antoine de Saint-Exupéry :

Et je méditai sur ma condition, perdu dans le désert et menacé, nu entre le sable et les étoiles, éloigné des pôles de ma vie par trop de silence. Car je savais que j'userais à les rejoindre, des jours, des semaines, des mois, si nul avion ne me retrouvait, si les Maures, demain, ne me massacraient pas. Ici, je ne possédais plus rien au monde. Je n'étais rien qu'un mortel égaré entre du sable et des étoiles, conscient de la seule douceur de respirer...

Et cependant, je me découvris plein de songes.

Ils me vinrent sans bruit, comme des eaux de source, et je ne compris pas tout d'abord, la douceur qui m'envahissait. Il n'y eut point de voix, ni d'images, mais le sentiment d'une présence, d'une amitié très proche et déjà à demi devinée. Puis je compris et m'abandonnai, les yeux fermés, aux enchantements de ma mémoire.

Il était, quelque part, un parc chargé de sapins noirs et de tilleuls, et une vieille maison que j'aimais. Peu importait qu'elle fût éloignée ou proche, qu'elle ne pût ni me réchauffer dans ma chair ni m'abriter, réduite ici au rôle de songe : il suffisait qu'elle existât pour remplir ma nuit de sa présence. Je n'étais plus ce corps échoué sur une grève, je m'orientais, j'étais l'enfant de cette maison, plein du souvenir de ses odeurs, plein de la fraîcheur de ses vestibules, plein des voix qui l'avaient animée. Et jusqu'au chant des grenouilles dans les mares qui venaient ici me rejoindre. J'avais besoin de ces mille repères pour me reconnaître moi-même, pour découvrir de quelles absences était fait le goût de ce désert, pour trouver un sens à ce silence fait de mille silences où les grenouilles mêmes se taisaient.

Non, je ne logeais plus entre le sable et les étoiles. Je ne recevais plus de décor qu'un message froid. Et ce goût même d'éternité que j'avais cru tenir de lui, j'en découvrais maintenant l'origine. Je revoyais les grandes armoires solennelles de la maison. Elles s'entrouvraient sur des piles de draps blancs comme neige.

Antoine de Saint-Exupéry, *Terre des hommes*, © Éditions GALLIMARD.

Si vous êtes plutôt auditif, vous pouvez vous créer une *playlist* spéciale nuit difficile avec une sélection de titres qui vous apaisent (sans qu'ils aient nécessairement un rythme lent). Cela peut être l'occasion de s'ouvrir à des styles de musique nouveaux.

Vous pouvez essayer également les livres audio. Les comédiens mettent beaucoup de vie dans leur diction.

*Analyse*

*Les liaisons dangereuses*, de Stephen Frears (1988)
*La vie rêvée des anges*, d'Erick Zonca (1998)
*Celibrity*, de Woody Allen (1998)
*American Beauty*, de Sam Mendes (1999)
*Clean*, d'Olivier Assayas (2004)
*Walk the line*, de James Mangold (2005)

Nous trouvons de beaux portraits dans ces six réalisations choisies pour leur présentation des forces et faiblesses des personnages ainsi que des béquilles grâce auxquelles ils survivent.

*Imagination*

Laissez votre imagination œuvrer pour vous approprier l'enseignement de ce chapitre : à vos crayons !

# 5. Les parents internes : les injonctions

© Valentine Cayet 2017

Ses parents ont toutes sortes d'attitudes pour le faire taire et au final faire culpabiliser l'enfant.

Choisissez un des morceaux de musique de votre trousse d'urgence, au rythme plutôt rapide. Écoutez-le, vivez-le dans tout votre corps. Exprimez-vous totalement, dans le mouvement, dans l'expiration, dans la voix (sans parler, juste avec des sons). Si vous sentez que vous vous jugez, revenez à ce qui est là en vous et qui ne demande qu'à sortir, revenez à votre corps.

Quand la musique s'arrête, restez totalement immobile et silencieux, vertical. Percevez les organes, les muscles, les échanges accélérés de sang, d'oxygène, cette vie qui bat en vous.

ou

Procurez-vous le CD *Osho dynamic meditation* (musique de Deuter) et suivez les instructions pour vivre une heure de méditation dynamique.

## Enseignement

### Le village

Chaque nouvelle génération qui naît doit se construire en tant qu'humain.

Et comme dit le proverbe africain : « Il faut tout un village pour élever un enfant. »

Nombreuses sont les personnes qui ont influencé notre enfance : famille élargie, enseignants, amis, proches de nos parents, voisins, élèves, personnes publiques, personnages fictifs...

Ce « village » va construire nos parents internes d'une manière plus ou moins développée, plus ou moins douce, plus ou moins censée selon le village.

Ce « village » va nous apprendre à :

- sublimer, dépasser notre enfant interne (par exemple l'attente des cadeaux de Noël qui accroît le plaisir du jour J et apprend à l'enfant à attendre, ou bien l'apprentissage de la joie de partager son goûter avec un ami plutôt que de tout garder pour soi) ;
- avoir un voisin du dessus interne à la bonne taille, c'est-à-dire à reconnaître nos qualités et nos défauts. Pas plus, pas moins. Ainsi se construira à la fois notre confiance en nous et le respect de la valeur des autres.

### La morale

Nous retrouvons donc notre triangle. Nos parents internes ont un rôle d'équilibrage de notre enfant et de notre voisin du dessus internes.

Nos parents internes nous rappellent la loi, les droits et les devoirs, les règles... Ils peuvent aussi avoir été élaborés par l'intermédiaire de supports (documentaires, livres...).

C'est la construction de notre appréhension du bien et du mal. Mais elle manque parfois de nuances tant les situations de la vie sont multiples et ne peuvent être toutes abordées, dans tous leurs aspects, par le « village ».

### Les outils du village

Dans le quotidien, le village a peut-être privilégié l'efficacité à court terme plutôt que la confiance dans l'accompagnement sur le long terme.

Le village a-t-il alors utilisé la peur, la menace, les punitions, la culpabilisation, les châtiments corporels pour faire obéir ?

Quand le moyen utilisé est disproportionné par rapport à l'enjeu et qu'il ne s'accompagne pas de dialogue, de mise en perspective, de nuances, cela peut causer bien des dégâts : des messages ancrés qui nous dictent leur loi, qui n'est pas La Loi.

---

Lors d'une soirée, un homme serre la main à plusieurs autres invités. De retour chez lui, il réalise qu'il n'a pas salué Edouard. Son cœur se met à battre plus vite, son ventre se contracte, une bouffée de chaleur survient. Il ne trouve pas le sommeil, repassant la soirée en boucle dans sa tête comme si cela lui permettrait de pouvoir revenir en arrière. Le lendemain matin, il ne parvient pas à avaler son petit déjeuner. Une seule phrase occupe son corps et son mental « J'ai oublié de serrer la main à Edouard. »

---

Une femme est allongée sur la plage. En vacances, elle est pleinement détendue. D'un coup, elle se crispe. Elle vient de penser à l'herbe qui pousse dans son jardin. Et elle se souvient qu'elle a lu qu'il faut tondre chaque semaine. Elle se crispe encore davantage. Oh la la, l'herbe qui pousse et elle n'est pas là pour tondre alors que le livre de jardinage a bien conseillé de tondre hebdomadairement. Elle se demande si elle a bien fait de partir en vacances et s'inquiète des conséquences pour son gazon.

---

Les dérives du « village » sont à la mesure de sa liberté.

Exemples :

- Si on n'oblige pas l'enfant à goûter aux aliments, on ne lui propose pas l'infini variété de la vie, on ne lui montre pas que ça vaut souvent le coup de risquer la nouveauté.

- Si on force l'enfant à manger une grande quantité de ce qu'il n'aime pas, on ne lui apprend pas à se respecter.

- Si on force l'enfant à finir son assiette on ne lui apprend pas à reconnaître la sensation de satiété. Au contraire, il enregistre : « quand je n'ai plus faim, je dois continuer de manger même si j'ai mal au ventre. »

Il s'agit d'entendre le village sans lui obéir aveuglément.

La pleine conscience, c'est ce pas de côté qui va permettre de reconnaître que ce sont nos parents internes qui nous envoient des messages et nous, nous vraiment, en conscience, nous allons écouter le présent et le réel pour prendre la bonne petite décision qui nous amène à davantage de respect de nous-même et des autres.

---

Un père roule sur l'autoroute, ses deux enfants à l'arrière du véhicule. Il est contrarié. Son enfant interne le fait rouler à 200 Km/h. Il double toutes les autres voitures. Il se sent puissant, ça le détend un peu. Il se rappelle ce client, vu dans la journée, qui lui a pris la tête avec son gris anthracite : « Je veux du gris anthracite et pas ce gris fadasse ! » Il est de nouveau contrarié.

Son voisin du dessus interne lui fait penser : « Fadasse toi-même, t'as vu comment tu te sapes ?! ». Il sent la pression qui se relâche un tout petit peu.

Son enfant interne le fait accélérer encore de 10 Km/h.

Ses parents internes finissent par intervenir et lui font penser : « Bon, j'espère que je ne vais pas me faire prendre par la police comme l'autre fois sinon je vais encore me faire tuer par Sophie. Elle avait hurlé devant les enfants que je ne leur montrais vraiment pas l'exemple.»

Son voisin du dessus interne réagit. Il pense : « Elle est marrante, elle veut que je sois là à 20h pour pouvoir profiter de la soirée avec les enfants et en même temps elle veut que je roule à 120 ! »

Ses parents internes n'ont pas dit leur dernier mot : « Bon, en même temps, si j'ai un accident et que les enfants sont blessés, je ne m'en remettrai pas. »

Au bord du désespoir, il réduit sa vitesse à 190 Km/h.

Observations

Nos parents internes nous surveillent, nous donnent des ordres parfois contradictoires car provenant de tout un village (« Vas-y suis tes pulsions » ou « N'écoute jamais tes pulsions »), nous montrent un idéal à atteindre, nous font culpabiliser, nous encouragent et nous protègent.

o À partir de points précis (respect du code de la route, faire les choses « dans les règle de l'art » ou « en amateur », manière de profiter de la vie, réaction face aux demandes des collègues, de la famille...), essayez de repérer les différences entre vos parents internes et ceux de vos proches.

o En comparaison avec les parents internes de ces proches, vos parents internes sont-ils plus sévères, plus laxistes, bienveillants, stimulants ? Dans quelles situations ?

o À partir de situations concrètes du quotidien, essayez de repérer si vous faites bon usage de vos parents internes. Leur avez-vous laissé trop/pas assez de place, dans cette situation où vous n'avez pas réagi de manière adaptée ? Avez-vous laissé trop/pas assez de place à votre enfant interne ? Avez-vous tenu compte d'une souffrance qui vous alertait ? Votre voisin du dessus interne avait-il la bonne taille (sous-estime, surestime de vous) ? Tentez de trouver les déséquilibres.

o L'éducation des enfants a pour but, entre autres, de leur apprendre à se respecter et respecter les autres dans un « bien vivre ensemble ». De manière générale, vos parents internes laissent-ils trop/pas assez de place à votre enfant interne ? Accompagnent-ils, par leurs encouragements, la sublimation de vos désirs ? Vos parents internes vous aident-ils à ce « bien vivre ensemble » ou au contraire vous font-ils mépriser les gens « moins bien élevés », « trop bien élevés » ou « élevés différemment » ? Vous coupent-ils de vous-même et/ou des autres ? Ou participent-ils à une unification intérieure pacifique ?

o Quelles sont les principales sources de vos parents internes ? Votre père ? Votre mère ? Des livres ? Des personnes publiques ? Des héros historiques ? Quels furent vos modèles ?

### Activités selon vos préférences

#### Routine

Si l'activité de relaxation vous a plu, prévoyez de la renouveler au rythme que vous choisirez. Ce sera le moment où vous envoyez vos parents internes trop sévères en vacances.

À l'opposé, il y a sûrement des domaines où vos parents internes auraient besoin d'un coup de pouce de présence. Au fur et à mesure que vous repérez ces domaines, vous pouvez :

- demander de l'aide à votre partenaire ;
- vous créer des petits dessins ou mémos.

#### Analyse

*Vol au-dessus d'un nid de coucou*, de Milos Forman (1976)
*Crimes et délits*, de Woody Allen (1989)
*Les affranchis*, de Martin Scorsese (1990)
*Virgin suicides*, de Sofia Coppola (1999)
*A serious man*, de Joel Coen (2009)
*Suzanne*, de Katell Quillévéré (2013)

L'emprise de la morale, des règles édictées, s'applique-t-elle sur les personnages par autrui ? Par eux-mêmes ? Ou bien n'existe-t-il aucune emprise ?

Quelles sont les conséquences ?

*Imagination*

Laissez votre imagination œuvrer pour vous approprier l'enseignement de ce chapitre : à vos crayons !

# 6. La grand-mère interne : les croyances

La grand-mère vit avec eux. Elle ne se lève jamais pour aller voir l'enfant. Elle fournit toujours une explication : « Il a mangé trop de bonbons, il a besoin de pleurer », etc.

## Relaxation

Le rocking chair de grand-mère.

Soit assis dans un siège qui peut plus ou moins basculer. Soit debout, pieds nus ou en chaussettes, pieds écartés largeur du bassin. Fermez les yeux et bercez-vous. Prévoyez un environnement sécure pour le cas où vous tomberiez.

## Enseignement

Les croyances occupent énormément de place dans notre fonctionnement.

Elles nous servent d'alerte, de référence et nous font gagner du temps car nous ne réfléchissons pas, nous ne prenons pas la peine de nous confronter au présent et au réel. C'est pour cela que j'ai associé les croyances à cette grand-mère qui sait tout alors qu'elle reste dans ce fauteuil depuis des décennies.

Les croyances nous font souvent prendre de mauvaises décisions, nous font parfois ruminer et rester dans la rumination car nous demeurons dans cette logique d'immobilisme.

### Croyance « Qu'est-ce que je dois faire pour être aimé »

Elle conditionne inconsciemment toute notre vie.

Être beau, être intelligent, être courageux, être docile, être serviable, être discret, avoir de l'argent, écouter, souffrir, ne pas souffrir, parler, connaître des gens bien...

Ces croyances sont limitantes car elles nous privent de nombreuses sources de plaisir : Apprendre - Créer - Partager

Nous ne vérifions pas que c'est valable.

Croyances à foison : un bébé a besoin de téter, c'est primordial de lui acheter une tétine ; une voiture est en panne à soixante-douze mille kilomètres au compteur, c'est forcément la courroie de distribution ; un hortensia ne fleurit pas, il faut le jeter bien sûr ; Alice fait la tête, ça ne sert à rien de prendre de ses nouvelles, elle fait toujours la tête ; Tim ne dort plus bien la nuit, c'est normal, son père trompe sa mère, il le sent, que veux-tu faire ? Tu as cette maladie, ah bah bon courage c'est l'horreur absolue, il n'y a rien à faire qu'à attendre ta dernière heure ; ils vont à Nancy, ils vont passer par la Belgique, ça ne sert à rien que je leur dise qu'il y a un gros accident sur l'autoroute vers Reims ; je suis grosse, je n'aurai jamais de copain.

Ces croyances maintiennent notre voisin du dessus interne sur-gonflé ou sous-gonflé.

Peut-être parce que nous sommes submergés d'informations et de communication, même si nous prenons conscience qu'il s'agit d'une croyance et d'un dérèglement de notre ego, par lassitude, nous n'allons pas : emprunter un livre de puériculture ; téléphoner à un garagiste ; interroger Camille pour savoir comment elle obtient des hortensias magnifiques ; prendre des nouvelles d'Alice ; demander à Tim comment il se sent en ce moment ; écouter cet ami qui vient d'apprendre sa maladie ; envoyer ce petit sms « pour info bouchons vers Reims. Bonne route quelle qu'elle soit » ; demander à ce garçon qui me plaît tant comment il me trouve.

Croyances et projections

Nous projetons nos propres croyances sur l'autre, c'est-à-dire, qu'inconsciemment, nous sommes persuadés que l'autre a tels besoins ou va réagir comme ci ou ne va pas comprendre ça, etc.

Julian est idéaliste et rêve de justice. Il croit qu'il sera aimé s'il montre qu'il est intelligent. Il est davantage dans l'activité mentale que physique et son activité mentale principale est l'analyse. Son émotion principale est la peur. Il est plutôt méfiant et a besoin de comprendre pour pouvoir obéir.

Clara croit qu'elle sera aimée si elle est docile. Son activité mentale principale est l'automatisme, c'est une exécutante qui attend inconsciemment les ordres pour pouvoir montrer qu'elle est docile. Son émotion principale est la rumination.

Julian est le supérieur de Clara. Il croit qu'en donnant des explications détaillées en préalable de ce qu'il lui demande ainsi que des marques de gratitude, Clara se sentira respectée et sera efficace et heureuse dans son travail.

Clara ne fait pas ce que Julian lui demande car elle ne lit pas les mails de Julian. Elle les juge trop longs. Ce qui la satisfait, ce sont des ordres précis directs sans « blabla ». Elle se sent alors respectée dans sa course contre la montre pour exécuter le plus de tâches possibles et montrer qu'elle est docile et ainsi être aimée.

Julian ne se sent pas respecté par Clara et trouve cela injuste et incompréhensible.

Clara ne se sent pas respectée par Julian, il l'énerve profondément.

### Croyances et volonté

Nous voulons quelque chose, donc nous croyons que cela se produira (comme par magie).

Exemples :

- Pas envie d'attacher l'enfant dans le siège auto : donc nous décrétons qu'il n'y aura pas trop de circulation. Nous ne l'attachons pas.
- Envie de ne porter rien qu'une robe légère : donc nous décrétons qu'il va faire chaud. Nous n'emportons pas de pull.

- Pas envie d'écrire donc nous décrétons « Je m'en souviendrai. »

S'ensuit en général une manifestation du voisin du dessus interne : « tu as bien fait de ne pas faire » ou « c'est malin, tu n'en as fait qu'à ta tête ».

### Croyances et poids des habitudes

Nous passons de manière irrespectueuse de « c'est souvent comme ça » à « ce sera toujours comme ça ». Nous avons quitté le présent et le réel.

Le présent et le réel, c'est que nous sommes en face d'êtres humains évoluant dans un monde vivant, tout est éphémère, les personnes, l'environnement.

Nous ne pouvons être sûrs de quasiment rien alors nous posons des certitudes qui nous rassurent, qui figent le cadre.

---

Sarah et Alex arrivent chez des amis pour dîner. Les amis sont en train de mettre le couvert. Alex est très heureux à l'idée de passer cette soirée avec ces amis qu'il n'a pas vus depuis un an. Sarah :
– Pas besoin de lui mettre un verre à vin, il ne boit jamais au dîner.
– Si, si, mettez-moi un verre, j'ai envie de trinquer avec vous.
– Bah qu'est-ce qui te prend ?!
– Rien, j'ai envie de trinquer avec nos amis.
– Oui bah, je te préviens je ne conduis pas et il ne faudra pas te plaindre si tu as mal à la tête demain, réplique Sarah, vexée.

---

Début de soirée plombé parce que Sarah a répondu à la place d'Alex pour, inconsciemment, montrer qu'elle le connaît, qu'elle le possède, c'est son mari, montrer qu'elle sait, qu'elle mémorise, qu'elle a des capacités intellectuelles, valider de nouveau ce cadre de certitudes qui la rassure.

La peur et la recherche de pouvoir, derrière cette attitude, sont instinctives. Instincts qui répondent à un danger.

La personne qui prend conscience de cette attitude inadaptée doit chercher où est le danger, la souffrance. Quelle douleur sournoise la fait réagir instinctivement comme un animal blessé ?

### Croyances et absolu

La recherche d'absolu est plus ou moins forte selon les individus. Et dans l'expression « recherche d'absolu », le mot le plus productif est *recherche*.

Les religions ouvrent à l'altérité et sont caractérisées par cette recherche.

Ainsi le judaïsme, le christianisme, l'islam conservent chacun des écrits contradictoires qui sont censés nous pousser à réfléchir, remettre dans le contexte, discuter, partager, être en relation car personne ne détient la vérité à lui seul.

Cependant, nous pouvons être tentés de voir par le petit bout de la lorgnette et utiliser tel extrait de texte de la manière qui nous arrange puis ne plus en démordre car nous avons établi un certain confort d'action et/ou de pensée.

### Les demandes gentilles

La pleine conscience nous invite à prendre des bonnes petites décisions en accord avec le présent et le réel.

Comment pourrais-je intégrer le présent et le réel de l'autre ?

Savoir douter de ses propres certitudes, c'est le premier pas. Puis réfléchir à la manière dont nous allons nous y prendre pour coller au présent et au réel, sans projeter notre fonctionnement.

Partir par exemple de l'expression d'un sentiment bienveillant puis émettre un doute, enfin formuler une question sur le ressenti de l'autre.

« Tu es ma fille, je t'aime, je me demande ce que tu as ressenti quand j'ai emmené ton frère au restaurant hier soir », « Tu es mon mari, je t'aime. Ça me fait de la peine, je vois que tu n'es pas bien. Je m'imagine que tu m'en veux. Est-ce que j'ai fait ou dit quelque chose qui t'a blessé ? »

Julian : « Clara, c'est important pour moi que vous travailliez dans les meilleures conditions. Je me demande si je m'y prends bien pour vous demander les choses. Qu'est-ce qui vous conviendrait ? »

Il nous faut sans cesse nous reconnecter au présent et au réel de l'autre par des demandes gentilles car nous ne sommes pas dans son corps, dans sa tête.

De la même manière, ne soyons ni trop méfiants ni trop confiants : soyons suffisamment ouverts pour oser la nouveauté mais renseignons-nous auprès de sources sûres avant de nous engager.

Alors nous vivrons de manière adaptée la majorité des situations et prendrons les bonnes petites décisions.

### Croyances et force

Croire constitue une de nos capacités particulières. Il serait dommage de ne pas utiliser ce talent et le propos du chapitre n'est pas de montrer du doigt sans nuances toutes les croyances mais de vous inviter à reconnaître celles qui vous aident et celles qui vous limitent ; écouter et se créer des croyances, à bon escient.

S'entraîner à croire en l'ami interne, en ceci, en cela pour aller mieux, c'est une forme de pensée positive dont l'effet bénéfique a été montré maintes fois. Si vous n'y parvenez pas du tout, il y a probablement des obstacles à lever, des blessures à démasquer. Explorez ce qui résonne en vous tout au long de ce parcours avant d'essayer de nouveau.


## Pistes

### Observations

o  Observez, après telle affirmation, décision ou réaction, quelles croyances vous ont poussé à cette affirmation, décision ou réaction ?

o  Quelles bonnes petites décisions auriez-vous pu prendre pour revenir au réel ?

o  Est-ce que vous avez appris à exprimer paisiblement vos besoins ? À vous enquérir paisiblement des besoins de l'autre ? Qui pourrait vous apprendre ? Demandez à l'ami interne de vous aider à vous mettre en chemin pour apprendre[19].

o  « Rater sa vie » : à quoi, à qui, cela vous fait penser ? Décortiquez les croyances qui vous font dire cela.

o  « Réussir sa vie » : à quoi, à qui, cela vous fait penser ? Décortiquez les croyances qui vous font dire cela.

---

[19] Pour aller plus loin, renseignez-vous sur la CNV® (Communication Non Violente). Voir *Sites Internet* en fin d'ouvrage.

*Routine*

Lisez régulièrement cette prière provenant de l'énnéagramme :

« Seigneur Dieu, je te remercie de me donner un sens aigu de ce qui est vrai et un désir assidu de bien faire. Dans mes tentatives de vivre à la hauteur de mes idéaux, aide-moi à être patient et miséricordieux. Apprends-moi à être tolérant face aux erreurs, plutôt que de toujours trouver des défauts aux choses, montre-moi comment accepter ce qui est suffisamment bon. »

*Analyse*

*Le cercle des poètes disparus*, de Peter Weir (1989)
Le professeur John Keating cherche à débusquer les croyances tant installées que nous ne les remarquons plus. Nous ne les remettons donc pas en cause. Mais sont-elles fondées ?

*Harry dans tous ses états*, de Woody Allen (1997)
Harry est conscient que certaines de ses croyances limitent sa vie mais il n'arrive pas à changer. Helen, en revanche, n'est pas consciente que ses croyances la limitent.

*Vénus Beauté (Institut)*, de Tonie Marshall (1999)
L'apparence étant le premier facteur de discrimination, devrions-nous tous aller très régulièrement dans un institut de beauté ?
Helena Rubinstein, créatrice du concept à la toute fin du XIX$^e$ siècle, vendait un surcroît de considération de soi car « La beauté a tout pouvoir » (slogan de la marque Helena Rubinstein®).

*Parle avec elle*, de Pedro Almodovar (2001)

Croyance en la relation… qui insuffle la vie.

Croyance en la nécessité de poser un acte… même interdit.

Les deux situations présentées n'édictent bien sûr aucune vérité, aucune garantie.

Petit clin d'œil à ce film espagnol : *esperar* veut dire *attendre*.

Il y a, a priori, plusieurs façons d'attendre.

*Aviator*, de Martin Scorsese (2005)

Le film montre de manière appuyée à quel point un discours parental peut occasionner la construction en profondeur d'une croyance déformant excessivement le réel.

La présentation est réductrice mais intéressante cependant.

*Into the wild*, de Sean Penn (2007)

Derrière chaque idéal se cachent une ou plusieurs croyances.

L'ironie du film s'exprime pleinement quand Christopher, à la recherche de l'Authentique, du Véritable, du Naturel, se fait rattraper par le réel.

*Imagination*

Laissez votre imagination œuvrer pour vous approprier l'enseignement de ce chapitre : à vos crayons !

## 7. Le voisin du dessus interne : la gestion de notre image

© Valentine Cayet 2017

Le voisin du dessus essaie de vivre comme il peut avec tout ce bazar en-dessous de lui. Un des moyens qu'il utilise est de se centrer sur lui-même et de se croire le meilleur de l'immeuble.

## Relaxation

Debout ou assis, grandissez-vous, les épaules légèrement en arrière sur une inspiration et rapetissez-vous, le dos un peu courbé sur une expiration.

Observez quelles sensations et/ou pensées arrivent en fonction de votre posture. Revenez sur votre respiration, laissez venir sensations et pensées, concentrez-vous sur votre respiration, etc.

## Enseignement

Qui est le voisin du dessus interne ?

Les parents internes représentent les messages que nous nous envoyons pour atteindre une moralité parfaite. Ils nous font user parfois beaucoup d'énergie et de temps ou sont au contraire beaucoup trop absents et ce n'est pas plus reposant pour autant.

Le voisin du dessus interne gère la comparaison entre notre image de nous-même et notre perception de la réalité. Il nous aide à faire face quand nous avons du mal à atteindre l'image parfaite selon notre modèle de lunettes. Il oscille souvent entre sur et sous-estimation, dans un balancement tout aussi fatigant que la pression exercée par nos parents internes.

Le voisin du dessus interne divise autant qu'il unifie. Divise quand il nous amène à ne plus nous supporter nous-même. Unifie quand il nous rassure sur notre valeur.

10h30

Caisse d'un hypermarché.

Le caissier dit à des clients : « J'ai pris cet emploi pour mettre de l'argent de côté mais je vais créer mon entreprise. »

13h00

Même caisse d'hypermarché.

Le même caissier dit à d'autres clients : « J'ai pris cet emploi pour mettre de l'argent de côté mais je vais créer mon entreprise. »

16h00

Même caisse d'hypermarché.

Le même caissier dit à d'autres clients : « J'ai pris cet emploi pour mettre de l'argent de côté mais je vais créer mon entreprise. »

---

Sam : « Chez moi, c'est nickel en permanence. Mais quand je vais chez les autres, je n'en ai rien à f... »


Sabine : « Je range et je nettoie chez moi uniquement quand je reçois des invités. »


Clémence : « Chez moi, je me néglige et je néglige mon intérieur. En revanche, quand je sors, je me tiens bien droite, je suis impeccable, j'aide pour les tâches ménagères. »

---

Éric double à fond sur la voie de gauche de l'autoroute en maintenant son bras droit appuyé sur le volant paume vers le ciel. Il conduit en figeant un doigt d'honneur adressé à tous les automobilistes qui ont l'audace d'être sur sa voie.

Dans le couloir d'une société, à la vue de tout employé passant par-là, une assistante est à quatre pattes par terre car le sac plastique du destructeur de papier a débordé, il y a des petits morceaux de papier sur la moquette. Le gérant est debout à côté d'elle.

Il est contrarié, impatient : « Il y en a encore, là. Là-bas aussi. »

Elle est concentrée, désolée et se dit : « Je suis nulle, qu'est-ce que je suis nulle. J'espère qu'il ne va pas me renvoyer pour ça. Il est tellement exceptionnel. »

Comment procède-t-il ?

Le voisin du dessus interne va avoir différentes réactions :

- il peut se focaliser sur les déviances des autres et affirmer que les nôtres sont moins graves ;
- il peut affirmer que nous n'avons qu'une vie alors autant en profiter ;
- il peut considérer que vu le mal que nous nous donnons pour ceci, pour cela, c'est normal que nous ayons des compensations.

Exemples d'attitudes de surestimation :

- quand nous nous rassurons nous-même sur notre valeur et/ou que nous cherchons auprès des autres à être rassurés ;
- quand nous méprisons les autres et/ou recherchons des personnes méprisant les mêmes personnes que nous.

Exemple d'attitude de sous-estimation :

Quand nous recherchons inconsciemment une situation d'échec. Puis nous validons : «Vous voyez bien que je suis nulle pour... »

Il peut y avoir ambivalence : nous nous dévalorisons en espérant que l'autre nous dise l'inverse. « Mais si, tu sais mémoriser les chiffres, regarde tu connais ton code de carte bancaire ! »

Si nos parents internes sont trop exigeants et envahissants, notre confiance en nous va être affectée et nous ne serons jamais suffisamment rassurés sur notre valeur.

La confiance en soi se construit aussi si le village a appris à l'enfant à mettre des mots sur ses ressentis : tu as froid ? Tu as mal ? Tu es inquiet ? C'est doux, tu ne trouves pas ?

Descartes, auteur du célèbre « je pense donc je suis » a oublié ce préalable indispensable.

En fait, ce serait plutôt : « Je ressens donc je pense donc je suis. »

Est-ce que notre village nous a appris à exprimer notre ressenti ? Il est toujours temps d'apprendre.

Bien souvent, le voisin du dessus interne fait en sorte de ne plus nous faire vivre les humiliations de l'enfance. Nous restons coincés dans nos spécialités et ne prenons pas de risques sur les terrains où nous avons vécu des échecs, tant notre village s'extasie sur les succès et proteste quand nous échouons.

Et puis, notre village, bien souvent, met en valeur ce que nous réussissons seul : « C'est bien, tu y es arrivé tout seul. » Cela cause bien des dommages au niveau de notre perception du réel car dans la réalité, c'est à plusieurs qu'on réussit les choses les plus incroyables et qui donnent le plus de bonheur.

Quand nous réussissons quelque chose seul (même complètement vivre seul), nous renforçons la croyance de n'avoir besoin de personne, nous renforçons notre exigence vis-à-vis des autres : « Moi j'y arrive bien seul, pourquoi pas eux ? »

Le problème c'est que si, dans une situation, nous avons besoin des autres, notre orgueil va nous empêcher de demander de l'aide et nous maintenir dans la fermeture. Nous allons donc quand même essayer seuls. Si nous y parvenons, cela va renforcer de surcroît notre orgueil. Si nous échouons, nous allons souffrir, être vexés, et au final nourrir de nouveau des sentiments négatifs concernant notre besoin des autres.

Attention, certaines personnes passent au contraire leur temps à demander de l'aide à autrui sans faire aucun effort et sans se demander si elles renvoient parfois l'ascenseur.

Seriez-vous plutôt comme cela ? Êtes-vous abusé par ce genre de personnes ?

Attention, pas de décision absolue. Savoir étudier au cas par cas, en pleine conscience si vous dites oui ou non.

### Dilettante, engagement, inconstance

Pour mieux connaître votre voisin du dessus interne, il est intéressant de vous demander dans quels domaines vous êtes capables de vous engager et dans quels domaines vous « ne le sentez pas ».

Et puis, quand vous vous engagez, quels sont les domaines pour lesquels c'est sur du court terme ? Du moyen terme ? Du long terme ?

Dans quels domaines faites-vous preuve d'inconstance ? Un pas en avant et deux pas en arrière. Ou bien vous picorez sans trop vous attarder ?

Pistes

Observations

o Demandez à l'ami interne de vous aider à :

- faire un pas de côté, rejoindre le présent et le réel en vous concentrant sur votre respiration. Laisser les pensées de surestimation et de sous-estimation venir puis s'envoler tels des nuages sans vouloir les fuir ;
- reconnaître les pensées, les actes, les paroles recherchant la sous ou sur estimation ;

o Imaginez que votre ami interne vous regarde et vous aime. Essayez de ressentir son amour vous inonder.

o Examinez les pistes des séances précédentes en essayant de comprendre comment
- l'activité principale choisie inconsciemment pour être reconnu ;
- les croyances ;
- les désirs peut-être pas assez entendus, sans démarche pour les faire vivre par sublimation ;
- des parents internes peut-être trop exigeants, envahissants ;
... vous font croire à une faible valeur de vous en comparaison des autres.

o Prenez des temps pour constater que des gens avec très peu de capacités sont aimés car ils sont juste ouverts, sincères. Imaginez une vieille dame dépendante dans une maison de retraite, appréciée par le personnel juste parce qu'elle est souriante, qu'elle demande des nouvelles à chacun et n'a que ça à offrir. Pensez aux enfants trisomiques ou autistes qui donnent beaucoup d'amour sans se soucier de leurs déficiences. Pensez aux histoires réelles ou fictives qui montrent comment l'ouverture et la sincérité de « petits » peuvent transformer des vies.

o  Le discours de votre voisin du dessus interne constitue-t-il un moyen de rester dans l'assouvissement de vos pulsions ?

o  Peur de ne pas être aimé ?
-  Avez-vous suffisamment creusé les pistes de votre activité principale choisie inconsciemment pour vous sentir exister ?
-  Est-ce parce que votre village n'a cessé de répéter à quel point vous étiez exceptionnel ? Vous y croyez mais vous avez besoin de le valider régulièrement.
-  Demandez à l'ami interne de vous combler de son amour et de vous aider à mettre votre énergie dans la sublimation de vos désirs plutôt que dans la recherche incessante de leur assouvissement ou dans la recherche de preuves d'amour d'autrui.

o  Reconnaissez l'orgueil et cherchez l'humilité. Demandez à l'ami de vous aider à accueillir les échecs et les souffrances qui sont une chance pour vous ramener au réel. L'orgueil nous coupe des autres. Les échecs et la souffrance nous rappellent que nous avons besoin d'eux. Reconnaissez quand vous refusez d'aider les autres car cela vous rappelle inconsciemment que vous pourriez vous aussi un jour avoir besoin d'eux.

o  Cas à étudier :
Aline a envoyé un sms à toutes ses copines qui sont mamans : « Bonne fête des mères mes chères copines. » Benoît souhaite immanquablement l'anniversaire de chacun de ses collègues. Le voisin du dessus interne de Charles pense : « Aline et Benoît n'ont aucun mérite. Aline n'a qu'à sélectionner les mamans dans sa liste de contacts

et après elle écrit un sms de sept mots, tu parles d'un exploit ! Benoît a une alerte anniversaire dans son agenda, après il n'a plus qu'un mail à écrire, ça prend une minute.»

o Méditez ce texte de Sainte Thérèse d'Avila :

« Seigneur, ton amour sans exigence me diminuerait. Ton exigence sans amour me révolterait. Ton exigence sans patience me découragerait. Ton amour exigeant et patient me fait grandir chaque jour. »

o Méditez les béatitudes. Elles signifient que si nous affirmons que nous disposons de tout, nous ne recevrons rien. En revanche, si nous reconnaissons les situations dans lesquelles nous sommes petits et faibles, et si nous ne restons pas enfermés dans ces situations mais nous ouvrons aux autres en toute sincérité alors, nous pourrons recevoir à profusion et permettre à d'autres de bénéficier du plaisir de donner.

Les béatitudes (Matthieu 5, 3-12)

Heureux les pauvres en esprit,
car le Royaume des Cieux est à eux.
Heureux les doux,
car ils recevront la terre en héritage.
Heureux les affligés,
car ils seront consolés.
Heureux les affamés et assoiffés de la justice,
car ils seront rassasiés.
Heureux les miséricordieux,
car ils obtiendront miséricorde.
Heureux les cœurs purs,
car ils verront Dieu.
Heureux les artisans de paix,
car ils seront appelés fils de Dieu.
Heureux les persécutés pour la justice,
car le Royaume des Cieux est à eux.
Heureux êtes-vous si l'on vous insulte, si l'on vous persécute et si l'on vous calomnie de toutes manières à cause de moi.
Soyez dans la joie et l'allégresse, car votre récompense sera grande dans les cieux.

### Routine

Une fois par jour, prosternez-vous trois fois en vous rappelant que vous n'êtes ni indispensable ni superflu, mais en recherche de votre valeur véritable et unique, pour vivre pleinement.

### Analyse

*Maris et femmes*, de Woody Allen (1992)
*Orgueil et préjugés*, de Simon Langton (1995)
*Bienvenue à Gattaca*, d'Andrew Niccol (1998)
*Billy Elliot*, de Stephen Daldry (2000)
*Les poupées russes*, de Cédric Klapisch (2005)
*Jimmy's hall*, de Ken Loach (2014)

Les personnages donnent-ils la primauté à leur petite voix interne ou à l'adéquation entre leurs actes et ce qui est considéré comme réussite sociale à leur époque ?

Comment les personnages gèrent-ils leurs faux-pas, leurs découragements, leurs victoires, leur estime d'eux-mêmes ?

### Imagination

Laissez votre imagination œuvrer pour vous approprier l'enseignement de ce chapitre : à vos crayons !

## 8. La souffrance (partie 2)

Enfin, l'ami du pays où il fait toujours jour arrive chez l'enfant. Il l'entend pleurer.

L'ami s'approche avec sa lampe de poche et découvre un adulte recroquevillé dans un coin.

L'ami dit doucement à l'adulte : « tu peux rester dans ce coin mais... »

## Relaxation

Auto-massage.

Juste avant de prendre un bain ou une douche, massez-vous doucement tout le corps, même la tête avec une huile adaptée. Positionnez-vous sur une serviette ou un tapis de bain pour ne pas glisser.

Si les conditions ne sont pas réunies, reprenez le temps de relaxation d'un chapitre précédent, qui conviendrait et qui vous avait plu.

## Enseignement

### La soif d'absolu

Nous avons soif d'absolu mais l'absolu n'est pas de ce monde… Nous avons soif de simplicité mais le cerveau humain est ce qu'il y a de plus complexe.

Et quand nous nous approchons de l'absolu simpliste, attention, il s'agit peut-être d'une idéologie qui va probablement engendrer de l'intolérance, de la violence.

La réalité est pleine de nuances. Gardons en tête le Taijitu ☯ qui nous rappelle que rien n'est tout blanc ni tout noir et que la vie est mouvement.

Sans nous en rendre compte, nous contribuons à faire perdurer une simplification irréaliste et réductrice qui ne nous ouvre pas à tous les possibles (esprit vaste) mais nous ferme et nous fais rejoindre notre coin de chambre bien sécure (esprit petit).

Exemples : « Les femmes ceci », « Les hommes cela », « Telle race ceci », « Telle profession cela », « Les enfants ceci »,

« Les employés de tel service de l'entreprise cela », « Tel régime alimentaire ceci », « Telle marque de voiture cela »...

### Les habitudes relationnelles et émotionnelles

Nous avons besoin de l'Autre. Mais l'Autre est aussi source de souffrances. Et nous sommes source de souffrances pour lui.

Selon notre personnalité, nous avons tendance à refouler nos ressentis ou à être envahis par eux.

Aujourd'hui, devez-vous apprendre à retenir temporairement ou à libérer plus souvent ? L'accueil des ressentis est une opportunité immense de se sentir vivant. Le défi réside dans la manière dont vous vivez le fait d'être traversé par des émotions et des sensations. Elle est bien entendu subjective et directement liée à vos croyances.

Par ailleurs, quand une émotion survient, que vous l'exprimiez ou pas, avez-vous l'habitude de transformer une émotion en action ou pas ? Immédiatement ou après un temps de réflexion ?

Ces différents conditionnements personnels peuvent être sources d'incompréhensions entre personnes travaillant ou vivant ensemble.

### Aimez-moi, ne m'aimez pas

Quand nous nous démarquons des autres, c'est souvent dans l'optique de notre objectif inconscient d'être aimé. Cette attitude révèle notre quête infinie d'amour, de reconnaissance. Elle coupe la relation à l'autre (« Moi, je... ») ou bien amène l'autre sur le même terrain (« Toi tu..., et bien moi, je... »).

À l'inverse, ça peut être un choix inconscient de vouloir ne pas être aimé, qui vise à se protéger (coin de la chambre), à ne plus être déçu par les relations humaines (tenue vestimentaire agressive ou très négligée, discours misanthrope, agressivité ou indifférence quasi permanente...)

### Les micro-blocages

Parfois, nous sommes restés « coincés » avec une phrase qu'on nous a dite quand nous étions enfants ou une habitude dans laquelle nous nous sommes enfermés (croyances, la grand-mère immobile). Ces micro-blocages peuvent s'avérer gênants dans un partage du quotidien avec autrui.

---

Lola et Aline dorment chez des amis. Lola est complètement énervée, ça fait des heures qu'elle se retourne, elle n'arrive pas à s'endormir, elle se dit : « J'aurais dû apporter mon oreiller ! ». Aline aurait passé une excellente nuit sans les énervements de Lola, elle est dépitée.

---

Alexandre et Julie sont allés à la piscine. Alexandre est déjà habillé, il ose aller aux douches des filles car il ne comprend pas pourquoi Julie n'arrive pas.

Alexandre : « On y va ? Qu'est-ce que tu fais ? »

Julie : « J'attends que quelqu'un ait un shampooing Botif à me prêter. J'ai oublié mon flacon et je ne veux pas utiliser une autre marque. »

---

Baptiste et Jackie sont dans la rue la nuit, ils sortent de l'hôtel dans lequel ils sont censés passer la nuit.

Jackie : « Je comprends que tu ne veuilles pas marcher pieds nus sur la moquette de la chambre d'hôtel car on ne sait pas ce que les clients précédents y ont fait, mais ça va vraiment être difficile de trouver un magasin qui vend des chaussons, ouvert à cette heure-là. »

Léo a préparé son tout premier gâteau au chocolat pour sa chérie Lili.

Lili : « Où est la crème anglaise ? Je ne peux pas manger de gâteau au chocolat sans crème anglaise. »

Tom et Fleur sont à la campagne, c'est leur premier pique-nique.

Tom : « As-tu lavé les pommes ? Je ne mange pas de fruits s'ils ne sont pas lavés. »

Arthur et James sont au restaurant. Arthur a bien mangé, il n'a plus faim. James a envie d'un dessert.
– Tu ne prends pas de dessert ? demande James, la carte des desserts en main.
– Non, répond Arthur.
– Bon bah je ne vais pas en prendre.
– Mais si prends-en un !
– Non, ce n'est pas drôle si j'en prends un seul.
James pose la carte des desserts et boude.

### Les réactions disproportionnées

Les réactions disproportionnées sont souvent révélatrices de fatigue, mal-être, souffrances passées non pleinement vécues (dans le sens avoir passé toutes les étapes jusqu'à pouvoir en rire). Cela vaut vraiment le coup de les repérer ; d'une part pour avancer en maturité et d'autre part pour ne pas traumatiser vos proches.

Monsieur trébuche et renverse au sol le plat que madame a mis deux heures à préparer. Madame monte dans sa chambre et hurle pendant deux heures.

Madame indique à Monsieur qu'il a oublié de sortir les poubelles. Monsieur va faire un tour de pâté de maisons en claquant la porte.

Monsieur déchire une enveloppe et la met à la poubelle. Madame demande s'il a conservé le timbre de Malaisie qui était sur l'enveloppe. Monsieur répond que non. Monsieur observe Madame avec stupeur et lui demande ce qu'elle fait devant la cheminée avec ses classeurs de collection de timbres. Madame dit en pleurant qu'elle les brûle. Elle déclare qu'il est inutile qu'elle poursuive cette collection s'il y a un tel manque de respect et de coopération.

### Les langages de l'amour

Dans son livre *Les langages de l'amour*, Gary Chapman explique qu'il a remarqué qu'au sein des couples qu'il reçoit en consultation, la manière dont l'un exprime son amour ne correspond pas à la manière dont l'autre aimerait le recevoir.

Il a mis en évidence cinq langages d'amour :

- les paroles valorisantes
- les moments de qualité
- les cadeaux
- les services rendus
- le toucher physique

Gary Chapman explique que si notre réservoir émotionnel est vide, nous allons user beaucoup de temps, d'énergie et/ou d'argent à essayer de le remplir.

Et tant qu'il n'est pas plein, nous ne savons pas quel est notre langage d'amour de prédilection tant nous « frappons à toutes les portes ».

Il est donc intéressant de se demander avec quel langage d'amour, dans notre histoire, nous nous sommes sentis aimés ? Puis le dire à notre partenaire.

La carte mentale[20] ci-après restitue les pistes pour mieux aimer son partenaire.

Les langages d'amour faciles à comprendre ne sont pas détaillés, les pistes sont alors directement écrites à la suite de l'intitulé du langage d'amour.

En revanche, l'icône valise indique des exemples pour comprendre le langage d'amour et l'ampoule présente les pistes.

Les pistes sont les efforts, les petites choses à mettre en place pour apprendre à aimer son partenaire avec le langage d'amour qui est le sien. Ce langage ne nous parle pas forcément, en tous cas pas dans une perspective de preuve d'amour, alors qu'il nourrit l'autre, remplit son réservoir émotionnel.

---

[20] Une carte mentale se lit de la manière suivante :

- Le titre est au milieu.
- Chaque branche présente un sujet. On commence à treize heures (cadran horaire) puis on suit le sens des aiguilles d'une montre.
- Les sous-branches détaillent le sujet.
- On utilise au maximum des mots-clés et au minimum des phrases.

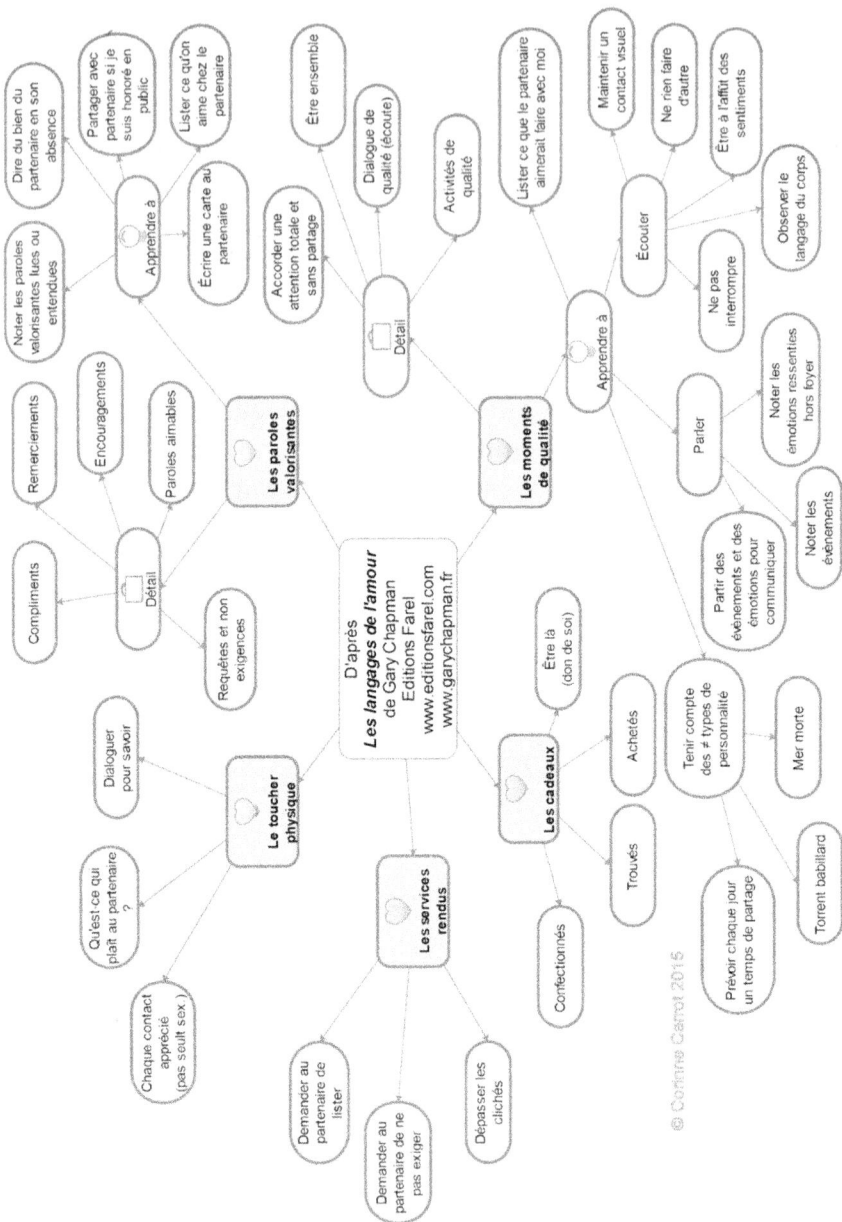

D'après
**Les langages de l'amour**
de Gary Chapman
Editions Farel
www.editionsfarel.com
www.garychapman.fr

**Les paroles valorisantes**

- Apprendre à
  - Dire du bien du partenaire en son absence
  - Partager avec partenaire si je suis honoré en public
  - Lister ce qu'on aime chez le partenaire
  - Noter les paroles valorisantes lues ou entendues
  - Écrire une carte au partenaire
- Détail
  - Remerciements
  - Encouragements
  - Paroles aimables
  - Compliments
  - Requêtes et non exigences

**Les moments de qualité**

- Détail
  - Accorder une attention totale et sans partage
  - Être ensemble
  - Dialogue de qualité (écoute)
  - Activités de qualité
  - Lister ce que le partenaire aimerait faire avec moi
- Apprendre à
  - Écouter
    - Maintenir un contact visuel
    - Ne rien faire d'autre
    - Être à l'affût des sentiments
    - Observer le langage du corps
  - Ne pas interrompre
  - Parler
    - Noter les émotions ressenties hors foyer
    - Noter les évènements
  - Partir des évènements et des émotions pour communiquer
  - Prévoir chaque jour un temps de partage
  - Mer morte
  - Torrent babillard

**Le toucher physique**

- Dialoguer pour savoir
- Qu'est-ce qui plaît au partenaire ?
- Chaque contact apprécié (pas seult sex.)

**Les services rendus**

- Demander au partenaire de lister
- Demander au partenaire de ne pas exiger
- Dépasser les clichés

**Les cadeaux**

- Être là (don de soi)
- Achetés
- Trouvés
- Confectionnés
- Tenir compte des # types de personnalité

La thérapie Imago part du principe que notre partenaire, sans le savoir et sans le vouloir, réveille certaines blessures du passé pour lesquelles nous avons mis en place des systèmes de protection.

Souffrant de notre blessure réouverte par notre partenaire, dans le cadre du dialogue Imago, nous lui en faisons part et ne sommes pas dans le reproche. Nous allons exprimer ce dont nous avons besoin pour que ce soit moins douloureux.

Notre partenaire, informé de notre souffrance, pourra avoir une parole, faire un geste bienfaiteurs car il ne se sent pas accusé et peut être dans l'empathie, témoigner de tout son amour.

Nous avons bien sûr les mêmes facultés à son égard.

Le dialogue Imago repose sur un processus établi qui favorise l'énoncé de la blessure et permet au partenaire de l'entendre et de la ressentir.

Chacun est responsable de la gestion de sa propre souffrance mais le dialogue Imago permet de donner aux partenaires des outils pour diminuer le nombre de conflits et savoir quoi faire quand l'un ou l'autre est blessé. Chaque partenaire va savoir quelle attitude adopter suite à la demande de changement de comportement de l'autre, dénuée de reproche et d'exigence.

Dans la thérapie Imago, les partenaires ne sont pas face au thérapeute mais l'un en face de l'autre. Le thérapeute, sur le côté, est facilitateur.

Dans ce dialogue en face à face, beaucoup de choses passent aussi en non verbal, par l'expression du visage, du corps. La guérison va se faire progressivement en profondeur car elle relève d'expériences vécues dans le couple et pas simplement d'une formalisation orale devant un tiers.

Imago propose des accompagnements sur la durée ainsi que des stages pour :

- apprendre à écouter et à comprendre le partenaire,
- comprendre comment les blessures d'enfance influencent la relation de couple,
- transformer les conflits en opportunités de croissance,
- découvrir des chemins nouveaux,
- devenir dans le couple les artisans d'une guérison intérieure.


### Les cercles physiques et mentaux

Notre sensibilité peut complètement varier selon que l'Autre :

- nous touche physiquement à tel ou tel endroit, dans telles ou telles circonstances ;
- aborde verbalement tel ou tel sujet, en intimité ou devant telles personnes.


### Être seul : quand ce n'est pas un choix

Lorsqu'on verse dans un extrême, on s'éloigne forcément du réel.

La personne qui veut à tout prix être en couple risque de nier ses besoins.

La personne qui pose mille conditions avant même de croiser quiconque a fermé beaucoup de portes.

Entre le tout laisser-faire et le contrôle total, il y a bien sûr une voie.

Ce n'est pas une question de tout ou rien ; « je ne trouverai jamais chaussure à mon pied », « il vaut mieux être seul que mal accompagné ».

L'enjeu est de comprendre le fonctionnement humain en général, et son propre fonctionnement en particulier, pour savoir être à la fois dans la vigilance et la confiance.

### Pistes

### Observations

o Quelles phrases toutes faites et absolues répétez-vous à autrui ?

o Quelles attitudes très différentes de celles des autres avez-vous et que vous revendiquez ?

o Quels sont vos micro-blocages ? Que vous reproche votre entourage ou de quoi se moque-t-il ? Au lieu de vous vexer, vous pouvez considérer cela comme une opportunité d'ouverture, de mise à distance de votre grand-mère interne.

o À quelles occasions avez-vous des réactions disproportionnées ? Et si vous preniez le temps de considérer votre souffrance ? Attention, vos réactions peuvent venir d'une imprégnation (un de vos proches, dans votre « village », réagissait toujours comme ça dans cette situation et vous en êtes imprégné). Il faut alors en prendre conscience et rendre symboliquement à cette personne sa réaction, ne plus la faire vôtre.

o Quels sont les bénéfices secondaires émanant de vos souffrances ? C'est-à-dire les avantages, conséquences de vos souffrances. Ils peuvent inconsciemment vous empêcher de sortir du coin de la chambre.

o Avec qui êtes-vous victime ? Avec qui êtes-vous bourreau ? Dans quelles situations ? Essayez de les rapprocher avec des situations non résolues de l'enfance.

o Poème à méditer :

Et si toi et moi
Ça n'était ni deux ni trois
Mais le long voyage
Le plus difficile qui soit.

De la détente au ciel
Ta peau contre ma peau
Mais l'étreinte éternelle
Se brise aux moindres maux.

Supplices et délices en couple sont réunis
Tous les possibles, du drame jusqu'au déni.
Si long chemin ; amertume, trahisons, pièges

Notre amour ne persistera pas blanc comme neige.
Pour que ni toi ni moi, mais le couple, gagne
Voulons-nous ensemble gravir cette montagne ?

© Corinne Carrot 2015

Activités selon vos préférences

*Routine*

À intervalles réguliers, faites le point sur les personnes que vous aimeriez remercier pour une parole, un sourire, un coup de main, récent ou du passé lointain et écrivez-leur pour exprimer votre gratitude.

*Frankie et Johnny*, de Garry Marshall (1991)

Un long chemin pour que le corps blessé parvienne à reprendre confiance. Une démarche volontaire, c'est-à-dire avec l'intervention du mental, est nécessaire pour passer le cap de la confiance.

*Kirikou et la sorcière*, de Michel Ocelot (1998)

Démonstration aussi originale qu'esthétique : nos attitudes blessantes proviennent majoritairement de parts blessées en nous.

*Match point*, de Woody Allen (2005)
Frustrations, désirs. Attention, moteurs !

*Le scaphandre et le papillon*, de Julian Schnabel (2007)

L'épreuve au quotidien, dans ses moindres détails, du commencement sidéré jusqu'à la réussite d'une certaine prise de distance, bien relative. Mais une lumière infime peut suffire à guider.

*Gran Torino*, de Clint Eastwood (2008)
Ça bout. Ça bout à l'intérieur.
Histoire d'une explosion constructive.

*Vice-versa*, de Pete Docter (2015)

Une attendrissante leçon pédagogique traitant de nos variations d'humeurs.

*Imagination*

Laissez votre imagination œuvrer pour vous approprier l'enseignement de ce chapitre : à vos crayons !

## 9. Vigilance et confiance

© Valentine Cayet 2017

« … saches que tu peux aussi en sortir pour venir avec moi au pays où il fait toujours jour. Ne crains pas de laisser tes parents, ta grand-mère, ton voisin du dessus, tes bonbons et jouets. Ils font partie de toi, tu ne peux t'en séparer. Mais si tu viens avec moi, ils ne prendront plus toute la place tout le temps et tu pourras te réaliser en tant qu'être humain. »

## Relaxation

Étirements.

Réalisez une série d'étirements grâce à la vidéo présente sur la chaîne Youtube Sêmera[21]. L'enchaînement a le mérite d'étirer tous les muscles principaux.

N'essayez pas de reproduire absolument à l'identique, gardez à l'esprit l'objectif : étirer en douceur. Ne forcez surtout pas, vous risqueriez de vous blesser. Lisez attentivement les instructions qui accompagnent la vidéo.

## Enseignement

**Vigilance** car les instincts dominant-dominé, de peur, de survie nous poussent parfois à vivre avec les lois de la jungle.

**Confiance** car nous avons profondément besoin les uns des autres. Quand nous nous tournons de manière sincère et gratuite vers l'autre, il se sent exister, vivre, et nous aussi.

### L'inconnu

Nous ne sommes pas égaux devant l'inconnu.

Il y a des maisons avec fenêtres ouvertes, fleurs partout, paillasson « Bienvenue », pas de clôture, serrure pas fermée à clé pendant la journée.

Il y a des maisons avec portail haut, barbelés, alarme, caméras, volets fermés, écriteau « chien méchant ».

---

[21] Ou voir la page *Etirements* du site Internet semera.fr.

La pratique régulière de la pleine conscience permet de s'habituer à évaluer les diverses situations qui se présentent à nous et de prendre les décisions adéquates.

Le passage obligé étant de s'interroger et de ne pas laisser nos instincts ou nos personnages internes décider pour nous sans réfléchir.

Suis-je seul ? Puis-je appeler à l'aide ? Ai-je du temps devant moi ou un rendez-vous important ? De quelles informations je dispose ? Etc.

Une sorte de tour d'horizon de la situation. Risques et ressources.

> *La mémoire dans la peau*, de Doug Liman (2002).
>
> À la trente-troisième minute du film, Jason Bourne (Matt Damon) est assis avec Marie Kreutz (Franka Potente) dans la cafeteria d'une station essence. Il lui décrit l'analyse complète qu'il a faite de la situation : le nombre de voitures garées, leurs plaques d'immatriculation, l'évaluation des personnes potentiellement dangereuses, la manière dont il pourrait se procurer une arme, ses conditions de fuite si besoin.

Jason Bourne est un agent de la CIA.

Pour nous autres, communs des mortels, une évaluation juste des risques, ni plus, ni moins, suffira.

- Risquer de perdre cinquante centimes d'euros ou cinquante mille euros ?
- Risquer de s'arracher un bout d'ongle ou de se fracturer le bras ?
- Risquer de se faire charrier par un collègue ou de perdre son emploi ?
- Risquer de se faire draguer ou de se retrouver père ou mère ?
- Risquer une petite dispute ou de perdre un ami ?

L'inconnu, c'est aussi : « Que se passera-t-il si je change ? Comment puis-je être sûr que ce sera une amélioration ? Je vais peut-être m'effondrer ? »

Et également : « Je n'ai pas l'habitude de demander de l'aide, c'est un réel effort pour moi. Et si la personne n'est pas compétente ? Que ça empire ou qu'elle me juge ? »

Depuis que vous avez commencé à lire cet ouvrage, vous avez été plus ou moins remué. Vous avez peut-être senti qu'il fallait faire une pause ou bien au contraire, vous avez déjà hâte de finir car vous voyez déjà plusieurs pistes pour aller plus loin.

Si vous sentez au fond de vous que vous auriez besoin d'aide, essayez de ressentir également ce qui vous conviendrait le mieux : séances individuelles ou en groupe ? Plutôt bien-être physique ou mental ? L'un va influencer l'autre bien entendu, mais vous commenceriez plutôt par quoi ?

Se poser des questions, c'est préparer et donc augmenter les chances de profit.

Parfois, on a l'impression que certaines personnes ne font que chercher, qu'elles ne trouvent jamais rien qui les soulage durablement. Mais peut-être que la recherche en elle-même constitue leur béquille, ce qui les tient vivantes.

Nous avons chacun nos béquilles. À ce propos, avez-vous constitué votre trousse d'urgence ?


## Les communications

Partant des trois postulats suivants :

- notre cerveau est ce qu'il y a de plus complexe ;
- chaque être est unique ;
- nous sommes des êtres de communication.

Nous arrivons à la conclusion qu'une communication fluide, saine, porteuse de fruits voire de bien-être réciproque est difficile à atteindre puis à renouveler tout le temps avec tout à chacun.

Vous pouvez d'ores et déjà tester la phrase « On ne s'est pas compris. »

Ces quelques mots, énoncés dès que vous sentez qu'il y a eu un quiproquo et qu'il y a risque d'énervement, de reproches, ramènent au présent et au réel et peuvent faire immédiatement tomber la tension.

Si l'autre (partenaire, enfant, ami, collègue...) s'énerve quand même, c'est peut-être qu'il a des tensions à décharger.

Il est alors très important de vous figurer vos deux corps. Les sensations, les émotions de l'autre lui appartiennent, et vous, vous pouvez rester dans les sensations et émotions qui étaient les vôtres avant que l'autre ne s'énerve. Concentrez-vous sur votre respiration pour y parvenir. Gardez à l'esprit que l'autre est libre de réagir. Tant qu'il vous respecte, il n'y a pas forcément lieu de réagir. En cas d'irrespect, vous pouvez quitter les lieux pour vous mettre physiquement et/ou mentalement à l'abri.

Décider de se former pour mieux comprendre les enjeux du relationnel est une des pistes qui peut apporter le plus de bénéfices.

Entre autres outils, l'analyse transactionnelle est une ressource très riche[22].

### L'image fausse du réel

Certaines personnes ne parviennent pas à percevoir que d'autres puissent leur causer du tort, voire carrément avoir des

---

[22] Vous trouverez les références en fin d'ouvrage dans *Bibliographie* et *Sites Internet*.

comportements toxiques. Elles pensent que les autres ont le même modèle de lunettes qu'elles.

Les torts qu'elles peuvent causer aux autres ont souvent les mêmes caractéristiques mais ceux que d'autres peuvent leur causer sont différents, car la palette de désagréments est très vaste !

---

*Le goût des autres*, d'Agnès Jaoui[23] (2000), quelques minutes avant la fin du film.

Le mari (Jean-Pierre Bacri) d'Angélique Castella (Christiane Millet) l'a quittée. Elle est partie promener son chien avec son chauffeur (Alain Chabat).

Mme Castella, parlant de son mari : « Il dort à l'hôtel ? »

Le chauffeur : « Non, à l'usine. »

Mme Castella, parlant de son chien : « Il est heureux, lui. Il ne connaît pas l'hypocrisie, la méchanceté. Il est là, il court partout. Il est heureux. Il ne fait de mal à personne. Il ne sait pas que le monde est moche comme ça. »

Le chauffeur : «  Mais non, il n'est pas moche le monde, Madame Castella... Il est comme il est, il faut faire avec... »

Mme Castella, criant : « Non ! Moi je n'ai pas envie de faire avec ! C'est trop dégoûtant, c'est trop horrible, ça ne m'intéresse pas ! »

Le chauffeur : « Bein il faut vivre à Disneyland alors. »

---

C'est la souffrance d'Angélique Castella qui s'exprime, elle absolutise, elle refuse le réel.

---

23 Reproduction de l'extrait avec l'aimable autorisation des auteurs.

Et puis, parfois, sans que l'autre ait une mauvaise intention, ses actes font souffrir ses proches. Par exemple, un jeune qui quitte le domicile familial pour voler de ses propres ailes. C'est dans le cours des choses mais ce n'est pas pour autant facile et exempt d'émotions.

Nous n'avons pas de pouvoir sur les autres. Et quand bien même nous en avons, nous devons en user avec parcimonie, en prenant soin de la dignité de l'autre. Prendre soin de nous-même et d'autrui nous fait grandir humainement.

Nous avons du pouvoir sur nous-même. Nous pouvons parfois croire que non car nous n'obtenons pas immédiatement de nous-même ce que nous voulons, par exemple arrêter de fumer, mais cela provient du fait que nous ne sommes pas dans le réel.

Dans la réalité, il faut du temps. Il faut du temps pour qu'un fruit pousse, qu'un arbuste mesure un mètre cinquante, qu'un enfant ait vingt dents.

Dans la réalité, il y a des étapes et des ingrédients et vouloir à tout prix n'y change rien. Au contraire, cela augmente la pression que nous nous infligeons, donc un mal être.

Nous avons du pouvoir sur nous-même, mais au lieu d'associer le mot pouvoir aux mots immédiateté et dureté, envisageons plutôt une palette de capacités accompagnées de douceur, de progressivité, d'une succession de bonnes petites décisions.

### Observations

o Depuis que vous avez commencé le parcours Sêmera, est-ce que vous arrivez à prendre un peu plus de recul par rapport à la soif inconsciente de reconnaissance qui vous habite ?

o Au fil des chapitres, de quelle souffrance principale avez-vous pris conscience ? Et quelles portes avez-vous envie d'ouvrir (compréhension, sublimation, démarche de soin...) ? Est-ce que vous savez à qui demander de l'aide ? Quels amis réels pourraient vous aider à trouver directement ou indirectement les bonnes personnes ?

o Dans votre quotidien, avez-vous tendance à vous poser des questions, à chercher des informations, à vérifier ? Si non, avez-vous identifié quel personnage interne prend trop de place et vous empêche de coller au présent et au réel ?

o Cas pratiques à étudier : quelle aurait été une réaction de pleine conscience ?

▪ Jeanne et Rémi ont environ quatre-vingts ans et consultent le même médecin généraliste tous les mois depuis des années. Rémi a eu un malaise, Jeanne et Rémi en parlent à leur médecin lors de leur visite mensuelle. Le médecin dit à Rémi : « Ce n'est rien, ça va aller ! Profitez de la vie, buvez un bon p'tit coup de temps en temps ! » Jeanne est furieuse car cette phrase montre à quel point leur médecin se soucie peu de leurs spécificités puisque Rémi n'a pas le droit de boire à cause de ses problèmes de santé. Elle ne montre rien au médecin. Rémi non plus. De retour chez eux, Jeanne et Rémi se mettent d'accord pour ne pas rendre visite à leur médecin le mois suivant afin de bien lui faire comprendre qu'ils ne sont pas d'accord avec la manière dont il les a pris en charge lors de la consultation.

- Jacques est artisan, il travaille pour des particuliers. Une de ses amies, Josette, lui a demandé de refaire sa salle de bain. D'autres sociétés ont refait le reste de la maison de Josette au préalable, il y a eu des dépassements de budget. Quand Jacques a terminé de refaire la salle de bain, Josette lui explique qu'elle est vraiment désolée mais elle ne pourra pas le payer. Jacques comptait sur cet argent pour aller rejoindre ses parents en Guadeloupe. Il décide d'aller en vacances en Bourgogne à la place et ne dit rien à Josette car c'est son amie et que ce n'est pas de sa faute si les travaux ont coûté plus cher que prévu. Les enfants de Jacques sont déçus et en colère.

- Bernard n'apprécie pas que sa collègue Brigitte, de même niveau hiérarchique que lui, se prenne pour la chef, car elle organise un remaniement du service alors que cela n'est pas dans ses attributions. Blaise, le chef de Bernard et Brigitte, ne dit rien, il la laisse faire, ce qui exaspère Bernard. Bernard voit bien que dans la réorganisation prévue, il sera muté dans une ville à l'autre bout du département, ce qui bousculera beaucoup de choses dans son quotidien. Afin de faire paraître sa démarche « démocratique », Brigitte demande l'avis de tous ses collègues concernant ses idées de réorganisation mais dans ses comptes rendus, elle ne reprend que les avis favorables. Lors d'une réunion de service, elle présente ses idées de réorganisation. Bernard saisit l'occasion pour signaler que seuls les avis favorables sont repris. Brigitte souffle bruyamment. Bernard perd le contrôle de lui-même, explose en disant qu'il peut s'en aller si elle le veut. Après la réunion, Bernard est encore plus en colère d'avoir perdu son sang-froid devant tout le service.

*Routine*

Selon que vous préférez tirer votre énergie :

- de votre univers intérieur, de vos idées, de vos souvenirs, de vos émotions
- de l'environnement extérieur, des activités, des expériences

... demandez-vous chaque jour si vous vous êtes suffisamment nourri.

Si tel n'est pas le cas, planifiez un temps ressource et réjouissez-vous en à l'avance.

Élaborez au fur et à mesure la liste de ce qui vous comble.

*Analyse*

Percevez la légère tension qu'occasionne le mix vigilance-confiance chez les personnages :

Seita dans *Le tombeau des lucioles*, d'Isao Takahata (1988)
Alice dans *Alice*, de Woody Allen (1990)
Louise dans *Thelma et Louise*, de Ridley Scott (1991)
Tous les personnages principaux dans *Jackie Brown*, de Quentin Tarantino (1997)
Tom dans *De battre mon cœur s'est arrêté*, de Jacques Audiard (2005)
Albert dit « Bertie », duc d'York et futur George VI dans *Le discours d'un roi*, de Tom Hooper (2010)

Laissez votre imagination œuvrer pour vous approprier l'enseignement de ce chapitre : à vos crayons !

## 10. La pleine conscience

L'adulte se calme puis prend la main de l'ami.

On ne le revoit plus jamais au pays où il fait toujours nuit.

## Relaxation

### Zazen[24]

Pas d'objectif, juste un rendez-vous avec vous-même.

Zazen n'est pas à proprement parler un exercice de relaxation. Dans notre cas particulier, arrêtez donc dès que vous ne sentez plus de détente.

## Enseignement

### Notre liberté, notre responsabilité

L'expression « quand on veut on peut » signifie à l'origine que si nous voulons commettre le mal, nous le pouvons, nous sommes libres.

À chaque seconde, nous pouvons rejoindre le coin de la chambre ou vivre notre liberté dans la joie et la paix, pleinement acteurs de notre vie, pleinement auteurs de nos choix.

Nos conditionnements sont des pièges que nous avons appris à reconnaître. Mieux on se connaît, plus on va rapidement et facilement détecter que nous n'avons pas été acteurs mais prisonniers de nos conditionnements.

Il est donc vraiment intéressant d'aller vers tous les outils de connaissance de soi. Ils sont en général accompagnés de pistes de rééquilibrage.

---

[24] Voir le paragraphe *Routine* du chapitre 2 ou sur semera.fr/zazen

Exemples d'ouverture qui amènent à rejoindre le réel :

- Même si nous sommes d'un tempérament lutteur, pourquoi ne pas goûter la platitude reposante de certains déjeuners familiaux plutôt que de lancer des sujets qui fâchent ?

- Même si nous sommes d'un tempérament évitant le conflit, pourquoi ne pas dénoncer une injustice flagrante ?

- Même si notre entourage reconnaît nos talents d'artiste, pourquoi ne pas prêter attention plus souvent aux besoins de cet entourage ?

- Même si notre patron se délecte de notre rigueur, pourquoi ne pas essayer d'être un peu moins critique à l'égard des collègues qui n'ont pas les mêmes conditionnements que nous mais qui participent autrement à la santé de l'entreprise, peut-être en organisant des sorties ou en amenant des bonbons ou en étant très joyeux.

- Etc.


Petit à petit se dessineront des choix qui vous conviendront et ne manqueront pas de respect aux autres.

Ne restons pas coincés dans la croyance que si nous ne sommes plus comme avant, nous ne serons plus aimés. Nous avons vu que cette adaptation d'enfant à son environnement n'était pas mature. Notre cerveau d'enfant a compris qu'il avait besoin des autres. N'en restons pas à une sorte de dépendance mal vécue mais reconnaissons-la pleinement et allons à la rencontre des autres avec bienveillance, cela nous permettra de nous connaître encore mieux.

Restez attentifs au ressenti. Les muscles de votre visage, votre dos, votre ventre se contractent quand vous n'êtes plus en pleine conscience.

Les exercices de relaxation sont aussi là pour vous apprendre à reconnaître l'alerte.

Rejoignez la nature aussi souvent que possible. Source de vie, source d'énergie, nous avons des cycles comme elle. Les saisons nous montrent que beaucoup d'éléments renaissent alors qu'ils paraissent morts. La vie continue de manière souterraine et c'est ainsi chez nous même quand nous voyons tout en noir. Allez vous promener, sentez le vent sur la peau, observez des insectes, cela peut vous aider à vous retrouver et à rebondir.

Gardez à l'esprit que nous sommes faits pour communiquer, imaginer, analyser, donner dans la relation, produire avec du sens...

Vous avez appris quelles sont vos préférences.

Mais cela ne suffit pas. Il faut disposer de temps exempts d'occupation pour que le mental puisse librement associer des informations stockées dans notre mémoire et trouver :

- ce qui nous convient le mieux ;
- les bonnes petites décisions à prendre ;
- les petits gestes gratuits que nous pourrions réaliser pour embellir la vie des autres ;
- des idées innovantes d'amélioration ;
- ...

« Nous ne sommes pas des êtres humains faisant une expérience spirituelle mais des êtres spirituels faisant une expérience humaine. »[25]

---

[25] Teilhard de Chardin.

Ce parcours vous a aidé à mieux connaître votre personnalité et à prendre conscience de vos personnages internes.

Cette dixième étape est celle où vous quittez le coin de la chambre.

Diminuez les temps où vous brandissez inconsciemment des étendards « je suis comme ceci, comme cela », figeant les choses, vous raccrochant à ces énoncés comme à des bouées.

Augmentez les temps où vous vous détachez de votre personnalité, comprenant qu'elle vous a permis de survivre à l'enfance, vous percevant avant tout comme un être humain relié à sa vie intérieure, relié aux autres au-delà de la façade de leur personnalité, relié à la nature.

Les mots ont leur limite et ne remplaceront jamais le vécu réel. Allez donc, le cœur ouvert et sincère mais sans vouloir. Accueillez les gens et les situations en vigilance et en confiance.

Quand la souffrance pointe son nez et/ou que vous retournez dans le coin de la chambre, gardez à l'esprit qu'il y a un cycle de conscience à réaliser et que ce cycle commence par la reconnaissance de ce que vous ressentez (je ressens donc je pense donc je suis). Puis prenez des bonnes petites décisions.

« Il suffit qu'il n'y ait ni amour ni haine pour que la compréhension apparaisse, spontanément claire, comme la lumière du jour dans une caverne. »[26]

### L'ami que l'on paye

Votre ami interne ne sera peut-être pas toujours suffisant.

Les thérapeutes sont des amis que l'on paye.

---

[26] Maître Sosan.

L'expression peut paraître étrange, c'est un raccourci qui nécessite des explications.

L'ami car il prend le relai de nos amis internes et réels.

L'ami car il a été formé pour rester dans la bienveillance, le non-jugement, la facilitation de l'expression de notre vie intérieure, l'aide au démasquage de nos personnages internes asservissants. Cela se fait de manière confidentielle, dans un lieu sécure, sans être interrompu par la vie extérieure.

Que l'on paye car ainsi, cela ne crée pas un rapport de dépendance où nous lui devrions quelque chose car il nous a aidé.

Que l'on paye car cela entérine dans le réel une démarche où nous prenons soin de nous, où nous avons de la valeur, où nous sommes fragiles, pas tout-puissants.

Sentez si vous avez besoin d'être épaulé en intimité ou en groupe. Dans un cadre spirituel ou pas. Sentez la nécessité, dans un premier temps, de prendre soin de votre corps ou de votre mental[27].


### Sérénité dans la lucidité

De temps en temps, vous parviendrez à un état où malgré la conscience aigüe de toutes vos blessures et de toutes les souffrances du monde, vous serez capable de sourire.

---

[27] Vous trouverez plus d'informations dans le paragraphe *L'ami que l'on paye* de la section *Sites Internet* en fin d'ouvrage.

## Pistes

### Observations

o Le manque et la souffrance étant inhérents à notre condition humaine, nous ne pouvons pas nous sentir bien, naturellement, en permanence. **Se sentir bien, nécessite donc d'investir du temps, de l'argent, de l'énergie.** Êtes-vous d'accord avec ça ? Qu'est-ce que vous êtes prêt à investir pour continuer à prendre soin de vous ? Du temps ? De l'argent ? De l'énergie ?

o Prenez un temps de bilan de ce parcours accompli. Comment vous sentez-vous ? Mentalement ? Physiquement ?

o Vous avez peut-être eu des idées de bonnes petites décisions... Passez à l'acte maintenant si ce n'est pas déjà fait !

o À méditer :

- Visionnez le film *En quête de sens* de Nathanaël Coste et Marc de la Ménardière (2015)[28]. Qu'est-ce qui résonne en vous lors de son visionnage ?

- Écoutez *Matin Brun* de Franck Pavloff[29]. Quelles sont les petites compromissions qui vous éloignent de vous-même ?

---

[28] enquetedesens-lefilm.com
[29] litteratureaudio.com

Activités selon vos préférences

*Routine*

• Écoutez le texte *Pleine conscience* (durée 3 minutes) enregistré pour vous[30] ;

• Parcourez le blog Sêmera[31]. Laissez votre intuition vous guider vers telle catégorie, tel tag.

*Analyse*

*Mary Poppins*, de Robert Stevenson (1964)
*La rose pourpre du Caire*, de Woody Allen (1985)
*Le fabuleux destin d'Amélie Poulain*, de Jean-Pierre Jeunet (2001)
*Big fish*, de Tim Burton (2003)
*Little miss sunshine*, de Jonathan Dayton et Valerie Faris (2006)
*Dans les forêts de Sibérie*, de Safy Nebbou (2016)

Ces films sont riches :
• de vie, voire de fantaisie ;
• d'invitations à savourer l'existence.

Et vous ? Quels films ajouteriez-vous à cette liste ?

*Imagination*

Laissez votre imagination œuvrer pour vous approprier l'enseignement de ce chapitre : à vos crayons !

---

[30] soundcloud.com/semera/pleine-conscience
[31] semera.fr/le-blog
Pour recevoir les publications Sêmera dès leur parution, abonnez-vous : bouton *S'inscrire* sur la page Facebook Sêmera, lien *S'abonner* en bas de page du site Sêmera, bouton *Flux RSS* en haut à droite du site Sêmera.

# Postface

Rose déballe le plat qu'elle vient d'acheter. Elle pense : « Je vais bien le laver, ça lui fera plaisir. J'ai compris qu'il a peur des microbes, ça le dépasse et ça n'a rien à voir avec l'amour qu'il me porte.»

Repas en famille. Rose apporte des lasagnes dans un nouveau plat à gratin rectangulaire. Jules est inquiet mais il ne dit rien. Il pense : « Ouh, je sens le stress qui monte. Bon, c'est normal, c'est ma grand-mère interne qui se manifeste. Allez, retourne dans ton rocking chair mémé ! »

Jules fait un grand sourire à sa femme et dit :

– Merci ma chérie de nous avoir préparé un bon repas. Nous avons beaucoup de chance.

Jules pense : « J'ai des personnages dans ma tête qui s'agitent mais je les reconnais et je reconnais aussi que j'aime ma femme et que je dois le lui montrer car elle n'est pas branchée sur mon cœur. »

Jules continue de penser (il mange en souriant) : « Ma femme a besoin de compliments pour se sentir aimée. Je suis content de le savoir, ça aide à avoir une meilleure relation entre nous. »

– Ma chérie, c'est tellement bon, je vais me resservir ! Et vous les enfants, vous en voulez aussi ? s'exclame Jules.

Rose se lève de table et va câliner son mari. Elle pense : « C'est quand je le câline qu'il se sent aimé. C'est important pour notre couple qu'il se sente aimé. »

# Bibliographie

## Comprendre le monde aujourd'hui

*À nous de décider*, Al Gore, De La Martinière Jeunesse, 2010

*La crise*, Sophie Lamoureux, Gallimard Jeunesse – La Documentation française, 2009

*Economix*, Michael Goodwin, Les Arènes, 2013

*L'ère de l'égoïsme*, Darryl Cunningham, Cà et Là, 2014

*Sapiens*, Yuval Noah Harari, Albin Michel, 2015

Revues : *La Vie*, *XXI*, *La revue dessinée*

## Connaissance de soi, connaissance des autres

*S'affirmer et communiquer*, Jean-Marie Boisvert et Madeleine Beaudry, Les éditions de l'homme, 2012

*L'ennéagramme, un chemin de vie*, Marielle Bradel, Desclée de Brouwer, 2011

*Imparfaits, libres et heureux, Pratiques de l'estime de soi*, Christophe André, Odile Jacob, 2006

*Petit guide à l'usage des gens intelligents qui ne se trouvent pas très doués*, Béatrice Millêtre, Payot, 2007

*Réussir, ça s'apprend*, Antoine de la Garanderie, Bayard Jeunesse, 1994

*Sous le signe du lien*, Boris Cyrulnik, Fayard, 2010

*Le Test du marshmallow*, Walter Mischel, JC Lattès, 2015

*Le triple moi*, Gysa JAOUI, Robert Laffont, 1979

## Soins du corps

*10 minutes pour être zen*, Sioux Berger, Flammarion, 2006

*Massages, bienfaits pour le corps et l'esprit*, Karin Schutt, Vigot, 2002

*La relaxation en famille*, Perrine Hervé-Gruyer, Presses de la Renaissance, 2008

*Comprendre et pratiquer la sophrologie*, Bernard Etchelecou, InterEditions, 2009

*Yoga anti-stress*, Ina Townsend, Marabout, 1997


## Couple

*L'avenir c'est l'autre*, Xavier Lacroix, Cerf, 2000

*Histoires d'amours, histoire d'aimer : de l'autre rêvé au bonheur partagé*, Catherine Bensaid, Robert Laffont, 1996

*Les hommes viennent de Mars, les femmes viennent de Vénus*, John Gray, J'ai lu, 1998

*Les langages de l'amour*, Gary Chapman, Farel, 1997

*Le mariage*, Xavier Lacroix, Editions de l'Atelier, 1999

*La thérapie Imago*, Carlo Trippi, Editions Jouvence, 2007


## Enfants, adolescents

*Dolto expliquée aux parents*, Jean-Claude Liaudet, L'Archipel, 1998

*Favoriser la confiance en soi à l'école*, collectif, Chronique Sociale, 2006

*Paroles pour adolescents ou Le complexe du homard*, Françoise Dolto et Catherine Dolto, Folio Junior, 2007

*Petit guide à l'usage des parents qui trouvent, à juste titre, que leur enfant est doué*, Béatrice Millêtre, Payot, 2011

## Feng Shui, vie pratique

*10 minutes pour être zen*, Sioux Berger, Flammarion, 2006

*Le grand guide du jardin feng shui,* Olivia Moogk et Barbara Sörries-Herrnkind, Rustica, 2008

*Jardins japonais contemporains*, Michiko Rico Nosé, Flammarion, 2003

*Je suis débordé[e] à la maison !*, Claire Mazoyer et Béatrice Carrot, Les carnets de l'info, 2007

*Une maison de rêve pour les enfants*, Margaret Sabo Wills, Minerva, 2007

*Simplifiez votre intérieur grâce au feng shui*, Karen Kingston, Quotidien malin, 2013

## Médecine traditionnelle chinoise

*La diététique du Yin et du Yang*, Dr You-Wa Chen, Marabout, 1995

*Mieux vivre grâce à la médecine chinoise*, Dr Michel Frey, Le pré aux Clercs, 2007

## Méditation, pleine conscience

*S'asseoir tout simplement. L'art de la méditation zen*, Eric Rommeluère, Seuil, 2015

*Be happy, a little book to help you live a happy life*, Monica Sheehan, Running Press, 2006

*Méditer, jour après jour*, Christophe André, L'Iconoclaste, 2011

*Paroles zen*, textes recueillis par Marc de Smedt, Albin Michel, 1994

*Le pouvoir du moment présent*, Eckhart Tollé, Ariane, 2000

*Prendre soin de l'enfant intérieur. Faire la paix avec soi*, Thich Nhat Hanh, Belfond, 2014

Partage d'expérience

*Fables psychiatriques*, Darryl Cunningham, Çà et Là , 2013

*Hyperbole and a half*, Allie Brosh, Touchstone, 2013

*Terre des hommes*, Antoine de Saint-Exupéry, Gallimard, 1972

Psychiatrie & Psychanalyse

*Les 100 mots de la psychanalyse*, André Jacques, Presses Universitaires de France, 2009

*Lexique de psychanalyse*, Frédéric de Scitivaux, Seuil, 1997

*La psychanalyse*, Daniel Lagache, Presses Universitaires de France, 2009

*Les sortilèges du cerveau*, Pr Patrick Berche, Flammarion, 2015

Récit initiatique

*L'Alchimiste*, Paulo Coelho, Editions 84, 2007

*L'homme qui voulait être heureux*, Laurent Gounelle, Pocket, 2010

La Bible

Le Coran

*Esprit zen, esprit neuf*, Shunryu Suzuki, Seuil, 2014

*Manuscrits autobiographiques*, Sainte Thérèse de l'enfant Jésus, Seuil, 2006

*Petit traité de l'abandon*, Alexandre Jollien, Seuil, 2012

*Plaidoyer pour le bonheur*, Matthieu Ricard, Pocket, 2004

*Préceptes de vie issus de la sagesse juive*, textes rassemblés par Pierre Itshak Lurcat, Seuil, 2003

*Le prophète*, Khalil Gibran, Le Livre de Poche, 1996

*Réussir*, Michel Quoist, Les éditions de l'atelier, 1994

*Reviens à la vie !*, Simone Pacot, Cerf, 2002

*La vie de Sainte Thérèse d'Avila*, Marcelle Auclair, Seuil, 1960

*Vivre sans pourquoi*, Alexandre Jollien, L'Iconoclaste – Editions du Seuil, 2015

## Sites Internet

### Plus simple !

Rendez-vous sur la page web **semera.fr/liens-parcours** pour cliquer directement.

### L'ami que l'on paye

Article précisant les caractéristiques d'un psychiatre, d'un psychologue, d'un psychanalyste :

psychologies.com/Therapies/Vivre-sa-therapie/Commencer/Articles-et-Dossiers/Trouver-son-psy

### Médecine traditionnelle chinoise

fnmtc.fr/fr

ufpmtc.fr

### Lieux de retraite

guidestchristophe.com

### Connaissance de soi, connaissance des autres

Editeur européen du MBTI®

opp.com/fr-FR

Institut français de l'énnéagramme

enneagramme.com

Analyse transactionnelle

ifat.net

analysetransactionnelle.fr

## Couple

Imago

therapie-couple.org

Blog sur le couple

lespaceducouple.com

## Intelligences multiples

cahiers-pedagogiques.com/Les-intelligences-multiples

classemapping.blogspot.fr

scoop.it/t/intelligences-multiples

## Nourriture spirituelle

retraitedanslaville.org

## Vittoz

vittoz-irdc.net

therapie-vittoz.org

methodevittoz.ch

lamethodevittoz.fr

CNV® (Communication Non Violente)

cnvc.org

nvc-europe.org

# Films proposés classés par durée

Plus de 3 heures

o  *Gandhi*, Richard Attenborough (1982)

Plus de 2 heures et 30 minutes

o  *Gladiator*, Ridley Scott (2000)

o  *Aviator*, Martin Scorsese (2005)

2 heures et 30 minutes

o  *Paris, Texas*, Wim Wenders (1984)

o  *Les affranchis*, Martin Scorsese (1990)

o  *Jackie Brown*, Quentin Tarantino (1997)

o  *Into the wild*, Sean Penn (2007)

o  *Inception*, Christopher Nolan (2010)

Plus de 2 heures

o  *Mary Poppins*, Robert Stevenson (1964)

o  *Vol au-dessus d'un nid de coucou*, Milos Forman (1976)

o  *Le cercle des poètes disparus*, Peter Weir (1989)

o  *Thelma et Louise*, Ridley Scott (1991)

o  *Le fabuleux destin d'Amélie Poulain*, Jean-Pierre Jeunet (2001)

o  *Le dernier Samouraï*, Edward Zwick (2003)

o *2046*, Wong Kar-wai (2004)

o *Walk the line*, James Mangold (2005)

o *Mommy*, Xavier Dolan (2014)


2 heures

o *Les liaisons dangereuses*, Stephen Frears (1988)

o *Frankie et Johnny*, Garry Marshall (1991)

o *American Beauty*, Sam Mendes (1999)

o *Big fish*, Tim Burton (2003)

o *Les poupées russes*, Cédric Klapisch (2005)

o *Match Point*, Woody Allen (2005)

o *Gran Torino*, Clint Eastwood (2008)

o *Les noces rebelles*, Sam Mendes (2009)

o *Le discours d'un roi*, Tom Hooper (2010)

o *De rouille et d'os*, Jacques Audiard (2012)


Plus de 1 heure et 30 minutes

o *Hannah et ses sœurs*, Woody Allen (1986)

o *Crimes et délits*, Woody Allen (1989)

o *Alice*, Woody Allen (1990)

o *Maris et femmes*, Woody Allen (1992)

o *Ladybird*, Ken Loach (1994)

o *Harry dans tous ses états*, Woody Allen (1997)

o *La vie rêvée des anges*, Erick Zonca (1998)

- o *Celibrity*, Woody Allen (1998)

- o *Bienvenue à Gattaca*, Andrew Niccol (1998)

- o *Virgin suicides*, Sofia Coppola (1999)

- o *Vénus Beauté (Institut)*, Tonie Marshall (1999)

- o *In the mood for love*, Wong Kar-wai (2000)

- o *Billy Elliot*, Stephen Daldry (2000)

- o *Parle avec elle*, Pedro Almodovar (2001)

- o *Locataires*, Kim Ki-duk (2004)

- o *Clean*, Olivier Assayas (2004)

- o *De battre mon cœur s'est arrêté*, Jacques Audiard (2005)

- o *Azur et Asmar*, Michel Ocelot (2006)

- o *Little miss sunshine*, Jonathan Dayton et Valerie Faris (2006)

- o *Caramel*, Nadine Labaki (2007)

- o *Le scaphandre et le papillon*, Julian Schnabel (2007)

- o *A serious man*, Joel Coen (2009)

- o *Intouchables*, Olivier Nakache et Eric Toledano (2011)

- o *Blue Jasmine*, Woody Allen (2013)

- o *Jimmy's hall*, Ken Loach (2014)

- o *Vice-versa*, Pete Docter (2015)

- o *Dans les forêts de Sibérie*, Safy Nebbou (2016)


1 heure et 30 minutes

- o *Les bronzés font du ski*, Patrice Leconte (1979)

- o *Le tombeau des lucioles*, Isao Takahata (1988)

o *Whatever works*, Woody Allen (2009)

o *Suzanne*, Katell Quillévéré (2013)


Moins d'1 heure et 30 minutes

o *La rose pourpre du Caire*, Woody Allen (1985)

o *Orgueil et préjugés*, Simon Langton (1995) – 6 épisodes de 50 minutes

o *Kirikou et la sorcière*, Michel Ocelot (1998)




Vous pouvez également analyser les personnages de tous les films d'Agnès Jaoui.

ISBN : 978-2-9561500-0-8

Printed by CreateSpace, an Amazon.com company

N° d'édition : 01
Dépôt légal : Septembre 2017